# 数字化转型中企业会计智能化与创新策略研究

许捷 邵爱英 苏丽娟 著

中国商业出版社

## 图书在版编目（CIP）数据

数字化转型中企业会计智能化与创新策略研究 / 许捷, 邵爱英, 苏丽娟著. -- 北京：中国商业出版社，2023.12

ISBN 978-7-5208-2796-6

Ⅰ.①数… Ⅱ.①许…②邵…③苏… Ⅲ.①企业管理—会计信息—数字化—研究 Ⅳ.① F275.2-39

中国国家版本馆 CIP 数据核字 (2023) 第 245875 号

责任编辑：陈　皓
策划编辑：常　松

中国商业出版社出版发行
（www.zgsycb.com　100053　北京广安门内报国寺 1 号）
总编室：010-63180647　编辑室：010-83114579
发行部：010-83120835/8286
新华书店经销
定州启航印刷有限公司印刷

\*

710 毫米 ×1000 毫米　16 开　14.5 印张　200 千字
2023 年 12 月第 1 版　2024 年 3 月第 1 次印刷
定价：89.00 元

\* \* \* \*

（如有印装质量问题可更换）

# 前　言

随着全球经济逐渐进入数字化时代，无数行业和企业正在经历前所未有的变革。数字化所带来的巨大冲击波，像涟漪般从中心向外扩散，影响每一个细微的商业环节，让很多传统的业务模式和管理方式显得有点过时。这种深远的变化背后，是大数据、云计算、人工智能、区块链等前沿技术对生产力和生产关系的重塑。它们使得商业运作更加高效、透明和个性化，但也增加了业务的复杂度和管理挑战。在这样的大背景下，企业会计，这个曾被视为稳定且变化不大的领域，也难以置身事外。作为反映和监督企业经济活动的核心环节，会计所面临的数据量、数据质量和数据分析的需求已经发生了翻天覆地的变化。如何准确、迅速地处理海量数据，如何利用先进技术对这些数据进行深入挖掘和分析，如何保障数字化环境下会计信息的安全和准确性，都成了现代会计工作的核心课题。因此，会计的智能化转型不再是一个选择，而是一个必然。它意味着会计工作将更加依赖技术，更加注重数据分析和业务洞察，也更加强调风险管理和内控。只有真正完成这一转型，企业会计才能更好地支持企业决策，助力企业在数字经济时代取得竞争优势。

本书旨在对数字时代企业会计的变革和智能化策略进行深入探讨。

第一章为绪论，首先对数字经济进行了概述，然后探索了它如何促使企业进行数字化转型，最后分析了会计在企业数字化转型中的角色与变革；第二章是对企业会计智能化基础的介绍，首先梳理了从传统会计到会计智能化的发展脉络，然后阐述了企业会计智能化的理论支撑、企业会计智能化的意义以及企业会计智能化建设的基本框架；第三章介绍了企业会计智能化的技术支持，主要包括大数据、云计算、区块链和人工智能等技术；第四章深入探讨了智能会计信息系统的构建，首先对智能会计信息系统进行了整体介绍，接着分析了智能会计信息系统的构建目标与原则，然后提出了智能会计信息系统的总体框架，最后探讨了智能会计信息系统构建的保护措施；第五章为企业会计核算智能化建设，首先对会计核算进行了概述，然后在分析企业会计核算智能化建设状况的基础上，提出了推进企业会计核算智能化建设的有效策略；第六章为会计报表的智能生成与可视化呈现，首先对会计报表进行了概述，然后提出了会计报表生成的优化策略，最后介绍了会计报表的可视化；第七章为智能会计分析与决策体系的构建，分析了如何在数字化背景下，构建一个更加高效、精确的智能会计分析与决策模型及诊断体系；第八章探讨了基于会计智能化的企业组织架构创新，首先阐述了企业组织架构与发展趋向，接着提出了基于会计智能化的企业组织架构构建策略，最后结合实际案例进行了分析；第九章为企业会计智能化的制度与人才保障，从制度与人才两个角度对企业会计智能化的持续发展提出了对策；第十章为总结与展望，对前面的内容进行了总结，并对会计智能化的未来发展进行了预测和分析。

希望本书能为企业会计领域的从业者、学者和相关决策者提供一个关于数字化转型中企业会计智能化与创新策略的全面视角，为推动企业会计智能化的发展做出积极贡献。

# 目 录

## 第一章 绪 论 ······ 001
- 第一节 数字经济概述 ······ 001
- 第二节 企业数字化转型认知 ······ 011
- 第三节 会计在企业数字化转型中的角色与变革 ······ 024

## 第二章 企业会计智能化基础 ······ 032
- 第一节 从传统会计到会计智能化 ······ 032
- 第二节 企业会计智能化的理论支撑 ······ 039
- 第三节 企业会计智能化的意义 ······ 049
- 第四节 企业会计智能化建设的基本框架 ······ 055

## 第三章 企业会计智能化的技术支持 ······ 065
- 第一节 大数据技术 ······ 065
- 第二节 云计算技术 ······ 075
- 第三节 区块链技术 ······ 085
- 第四节 人工智能技术 ······ 091

## 第四章 智能会计信息系统的构建 ······ 099
- 第一节 智能会计信息系统概述 ······ 099
- 第二节 智能会计信息系统的构建目标与原则 ······ 108
- 第三节 智能会计信息系统的总体框架 ······ 113
- 第四节 智能会计信息系统构建的保障措施 ······ 117

## 第五章　企业会计核算智能化建设 ... 122
### 第一节　会计核算概述 ... 122
### 第二节　企业会计核算智能化建设状况分析 ... 129
### 第三节　推进企业会计核算智能化建设的有效策略 ... 131

## 第六章　会计报表的智能生成与可视化呈现 ... 142
### 第一节　会计报表概述 ... 142
### 第二节　会计报表生成的优化策略 ... 150
### 第三节　会计报表的可视化 ... 154

## 第七章　智能会计分析与决策体系的构建 ... 162
### 第一节　智能会计分析与决策体系基础 ... 162
### 第二节　智能会计分析和决策支持库的建立 ... 166
### 第三节　智能会计分析与决策模型及诊断体系的构建 ... 172

## 第八章　基于会计智能化的企业组织架构创新 ... 181
### 第一节　企业组织架构概述与发展趋向 ... 181
### 第二节　基于会计智能化的企业组织架构构建策略 ... 190
### 第三节　案例分析 ... 197

## 第九章　企业会计智能化的制度与人才保障 ... 206
### 第一节　企业会计智能化的制度体系建设 ... 206
### 第二节　会计智能化背景下的财会人员转型 ... 213

## 第十章　总结与展望 ... 217
### 第一节　总　结 ... 217
### 第二节　展　望 ... 220

## 参考文献 ... 222

# 第一章 绪 论

随着数字经济的快速崛起,企业面临无可回避的数字化转型压力,作为企业的一项重要的基础性工作——会计,也正在经历前所未有的转型。

## 第一节 数字经济概述

近年来,以互联网的助力下,数字革命浪潮广泛渗透高科技领域,带来了比工业革命更为迅捷、更加深刻的社会变革,数字技术将成为支撑未来世界经济发展的重要动力,推动人类更深层次地跨入经济全球化时代。数字经济的出现,催生出全新的消费模式,推动全球产业整合与升级,孕育出新的生产模式,影响着社会、经济、生活的各个方面。本节将介绍数字经济的概念、特征与发展。

### 一、数字经济的概念

数字经济是继农业经济、工业经济之后的一种全新的经济社会发展形态,人们对数字经济的认识是一个不断深化的过程。

## （一）数字经济的定义

目前，数字经济尚没有明确的定义。学术界对数字经济的定义主要有以下两种观点。

（1）数字经济是以知识为基础，在数字技术催化作用下，在制造领域、管理领域和流通领域以数字化形式表现的新经济形态。这一定义的界定包括：在形式上表现为商业经济行为的不断数字化、网络化和电子化，即电子商务的蓬勃发展；在内容上体现为传统产业的不断数字化以及新兴数字化产业的蓬勃发展。在以创新为特征的知识社会中，当以1和0为基础的数字化技术发展到一定阶段时，信息数字化扩展到整个经济社会将成为必然趋势。

（2）数字经济就是在数字技术的基础上形成的经济，是数据信息在网络中流行而产生的一种经济活动。其基本特征主要有三点：第一，数字技术在大范围内被推广使用，使得经济环境与经济活动发生了根本性改变；第二，经济活动在现代信息网络中发生的频率增多；第三，信息技术使经济结构得以优化，有效地推动了经济增长。

虽然以上两种定义各有侧重，且范围不同，但都认为数字经济是一种基于数字技术的经济。目前，较为权威的定义是2016年G20峰会发布的《二十国集团数字经济发展与合作倡议》中提出的，即"数字经济是指以使用数字化的知识和信息作为关键生产要素、以现代信息网络作为重要载体、以信息通信技术的有效使用作为效率提升和经济结构优化的重要推动力的一系列经济活动"[①]。

---

[①] 中华人民共和国国家互联网信息办公室.二十国集团数字经济发展与合作倡议[EB/OL].（2016-09-29）[2023-08-28]. http://www.cac.gov.cn/.

第一章 绪 论

## （二）数字经济的类型

数字经济以数字化信息为关键资源，以信息网络为依托，通过信息通信技术与其他领域紧密融合，形成了五个类型，即基础型、融合型、效率型、新生型和福利型数字经济，如图1-1所示。

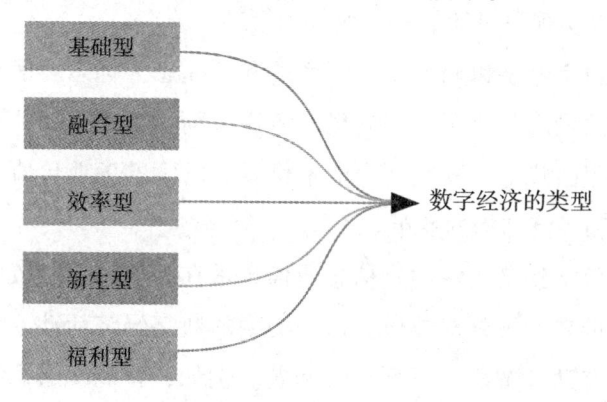

图1-1 数字经济的类型

基础型数字经济以信息产业为核心，主要涉及电子信息制造业、信息通信业和软件服务业等。这一类型的经济活动不仅关注信息和数据的生成、处理和传输，还作为数字经济的基础支撑，为其他类型的数字经济提供必要的技术和服务。电子信息制造业的发展推动了硬件设备的进步，为信息处理提供了更高的速度和更大的容量；信息通信业则是连接各种数字服务和应用的重要载体，它通过提供可靠、高速的通信网络来促进信息的自由流动；软件服务业在此基础上提供各种应用解决方案，可满足不同领域和行业的个性化需求。

融合型数字经济主要体现为信息资本的广泛应用，尤其是信息通信技术与传统产业的深度融合。通过先进的数据分析、物联网技术和自动化控制系统，信息设备和技术被广泛应用于生产、销售、流通和服务等各个环节。这种融合改变了传统产业的生产组织方式，使生产过程更加自动化、智能化，进而提高了生产效率和产量。

效率型数字经济是一种由信息通信技术带来全要素生产率提升的经济形态。这一类型的经济活动主要体现为通过技术应用来优化各种生产和经营活动,从而实现成本降低和效率提高。例如,通过大数据分析企业可以更准确地预测市场需求,减少库存成本;通过云计算和分布式系统,企业可以实现更灵活的资源配置和管理。

新生型数字经济以新技术、新产品和新业态为标志。信息通信技术与传统产业的融合催生了一系列创新应用和商业模式,如共享经济、电子商务、远程医疗等。这些新产业不仅具有巨大的商业价值,还在不断地推动社会和经济结构的变革。

福利型数字经济关注的是信息通信技术在社会各个领域中的广泛应用,以及其带来的正外部效应。这一类型的数字经济活动不仅提高了生活质量,还有助于解决一系列社会问题。例如,智能交通系统可以减少交通拥堵和污染;数字医疗服务不仅提高了医疗效率,还能让更多偏远地区的人们享受到优质的医疗资源。这种社会正外部效应不仅体现在经济增长上,更表现为社会福利的提升。

## 二、数字经济的特征

数字经济的特征如图 1-2 所示。

数字经济的特征:
- 数据成为驱动经济发展的关键生产要素
- 数字基础设施成为新的基础设施
- 数字素养成为对劳动者和消费者的新要求
- 供给和需求的界限日益模糊
- 人类社会、网络世界和物理世界日益融合

图 1-2 数字经济的特征

## （一）数据成为驱动经济发展的关键生产要素

移动互联网和物联网的快速发展确实赋予了数据一种前所未有的价值和影响力。在这种背景下，不仅人与人、人与物、物与物的互联互通得以实现，也带动了数据量的爆发式增长。根据大数据摩尔定律，全球数据量大约每两年翻一番，这样庞大的数据量及其处理和应用需求成为推动大数据概念崛起的关键因素。因此，数据不再仅仅是一种信息记录手段，而是逐渐转化为重要的战略资产和企业核心实力的象征。掌握了数据的企业或组织，便在市场竞争和创新发展中具备了显著优势。

同农业经济时代的土地和劳动力、工业经济时代的技术和资本相比，数据已经上升为数字经济时代较为关键的生产要素。这一转变不仅影响了商业模式和市场竞争，还在进一步改变科技研发、经济和社会结构等多个方面。数据驱动型创新，如人工智能、机器学习和大数据分析等，已经成为国家创新发展的关键形式和重要方向。深入分析和应用数据，不仅可以更精准地预测市场需求、优化供应链管理和提高生产效率，还能推动多个领域的创新活动，从而在全球范围产生深远的社会经济影响。因此，数据的重要性不仅体现在其作为一种资源的价值，更体现在其作为驱动现代社会各个方面发展的核心动力。

## （二）数字基础设施成为新的基础设施

在工业经济时代，经济活动主要依赖以铁路、公路和机场为代表的物理基础设施。但在数字经济崛起的背景下，网络和云计算已经成为新型的、至关重要的基础设施。不仅如此，数字基础设施的概念也在持续扩大，不仅包括宽带、无线网络等信息传输工具，还延伸到对传统物理基础设施的数字化改造。例如，配备了传感器的自来水总管能实时监测水质和流量，数字化停车系统能优化车位使用，数字化交通系统能提高交通效率和安全性。

这些新型基础设施为数字经济发展提供了必要的支撑，从而推动了从依赖"砖和水泥"的物理基础设施向以"光和芯片"为核心的数字基础设施的转变。这样的转变不仅对企业运营方式带来革新，也为智能城市、远程医疗、在线教育等多个领域的发展提供了有力支持。在全球范围内，数字基础设施成了连接各地区、各行业、各领域的关键纽带，越来越多的服务和应用依赖于这一现代化的基础体系。因此，数字基础设施不仅是数字经济的发展引擎，也是现代社会各种活动和交流的基石。

### （三）数字素养成为对劳动者和消费者的新要求

在农业经济和工业经济的背景下，消费者和劳动者的文化素养需求相对较低，通常仅限于特定职业和岗位。然而，数字经济带来了全新的局面，数字素养成了劳动者和消费者必须具备的基础能力。与之相应，劳动者在多数行业中都需要具备双重技能——数字技能和专业技能，以应对数字技术在各领域的普及。这一转变的紧迫性也反映在企业的招聘困境上，很多公司表示难以找到符合需求的数据人才。因此，高水平的数字素养成为劳动者在就业市场中具有竞争力的重要标准。

对消费者来说，缺乏基础的数字素养可能导致无法充分利用数字化产品和服务，甚至可能被视为数字经济时代的"文盲"。这不仅限制了他们在日常生活和工作中的信息获取和决策能力，还影响到他们在市场上的消费选择。从这一点来看，数字素养不仅是数字经济时代的基本人权，还是与听、说、读、写等基本能力同等重要的素质。

### （四）供给和需求的界限日益模糊

在传统经济模型中，供给侧和需求侧往往被清晰地划分，但数字经济的快速发展已经打破了这一界限。供给和需求现在更趋向于融合，逐渐塑造出"产消者"这一新角色。在供给侧，新兴技术如大数据和3D打印使得企业能够更灵活地应对消费者需求，从而开发更有针对性的产品或服务。这不仅满足了市场需求，也改变了行业内的价值链。大数据技术能够精准地捕捉消费者的行为和偏好，进而指导产品设计和生产，而3D打印则允许更高程度的个性化。同样，在公共服务领域，政府也能通过分析经济社会数据来更精准地进行政策决策。在需求侧，透明度的提升和消费者参与度的增加也促使供应商必须调整自己的操作模式。消费者现在拥有更多的信息和选择权，从而对供给侧产生更大的影响。新的消费模式，如众包或共享经济，进一步模糊了供需双方的界限。这些变化不仅影响了产品和服务的设计、推广和交付，也重新定义了供应链和价值链。因此，供给和需求之间界限的模糊是数字经济发展中的一大特点，它要求各方适应这种趋势，重新思考经济行为和商业模式。

### （五）人类社会、网络世界和物理世界日益融合

数字技术的快速发展不仅改变了人们对网络世界的认知，也正在重新塑造人类社会与物理世界的关系。数字经济时代，网络世界已经不仅仅是物理世界的虚拟映象，更是成了一种新型的社会和生存空间。在这一过程中，信息物理系统（CPS）起到了关键作用。CPS是集成了计算、控制和通信功能的系统，使得物体和环境能进行智能化的互动。这种集成不仅加速了物理世界的发展，也使人类社会的发展速度呈现出指数级增长。

不仅如此，随着人工智能、虚拟现实（VR）和增强现实（AR）等技术的发展，新一代的信息物理生物系统（CPHS）也应运而生。这一系统不仅改变了人与物理世界的交互模式，还使人与机器之间能更为有机和协调地进行互动。这种"人、机、物"融合进一步加速了物理世界、网络世界和人类社会之间界限的消失，构建了一个全新的互联网生态系统。在这个系统中，人类、物理实体和虚拟实体能够无缝交流和互动，从而开启一个全新的、互联互通的时代。

## 三、数字经济的发展

### （一）数字经济的发展历程

数字经济的发展与数字技术或信息技术的发展息息相关。从20世纪90年代开始，信息技术引领新一轮科技革命不断推动技术演进并创造出新的产品，不论是电子计算机的划时代发明，还是互联网诞生和普及带来的广泛连接性，抑或是近年来兴起的大数据等新兴技术所预示和导向的智能化前景，都推进着数字经济的演化和发展。

技术与产业、创新与资本、渗透与融合互相推进，不断迸发出新的活力，推动数字经济经历了三轮层层递进的发展阶段，如图1-3所示。随着电子计算机的发明和几波产品形态的演变，"0-1"数字化的出现引发了数字经济的第一轮浪潮；因特网、移动互联网的发展和普及引发了数字经济的第二轮浪潮；而近年来全球范围内数字技术的深度跨界融合正在引发数字经济的新一轮浪潮。

电子计算机开启的"0-1"世界

互联网开启的虚拟世界

大数据开启的智能世界

图1-3 数字经济的发展历程

#### 1. 电子计算机开启的"0-1"世界

1946年，世界上第一台电子计算机ENIAC问世，这标志着人类进入"0-1"世界。ENIAC的诞生使得信息存储和处理得以数字化，这在当时是一次革命性的突破。数字经济发展的起步阶段必然是信息的数字化。在这一阶段，数字化主要集中在简化信息处理和数据存储，即将复杂的信息转换为简单的"0-1"代码，使得信息处理和传播更加高效。这些"0-1"信息可以容易地复制、格式化并跨越时间和空间进行传播。这种信息的数字化不仅加速了信息的传播，也提高了处理的准确性。更重要的是，它将人们从重复和烦琐的计算任务中解放出来，使人们有更多的精力可以进行知识创新和其他更高层次的工作，为后续的数字经济发展奠定了基础。

2. 互联网开启的虚拟世界

互联网的兴起无疑是一次信息革命，几乎重新定义了信息的传播、储存和处理方式。与电子计算机相比，互联网更像是一个广阔无垠的虚拟世界，它将各种经济和社会活动从物理空间转移到了数字领域。这不仅仅是信息存储和处理的延伸，更是一种全新的信息表达和交流方式的诞生。通过各种软件和信息服务，如搜索引擎、社交媒体和在线市场，互联网创造了一套全新的语言和图像表达方式，从文字到图形，从音频到视频，几乎每一种信息都可以在这个虚拟世界里找到其位置。

更为重要的是，这个虚拟世界不仅改变了个体与信息的互动方式，也影响了组织和社会结构。例如，电子商务的兴起使得传统零售业发生了翻天覆地的变化；远程工作和在线教育打破了地理位置的局限，使得全球资源能够更有效地配置。简而言之，互联网不仅丰富和完善了数字经济，还在很大程度上塑造了现代社会的运行机制和价值观。

3. 大数据开启的智能世界

大数据作为数字经济时代的核心，直接催生了一个被海量、多样数据驱动的智能世界。与计算机和互联网相比，大数据的特点是强调从大量复杂的数据中提取有价值的信息，不仅是量的扩展，也是质的飞跃。这一变化由多种先进技术支持，如云计算为大数据提供了存储和处理的能力，人工智能则利用大数据进行学习和决策。

在这个由大数据驱动的智能世界里，传统的经济和社会认识方法论被彻底改变。例如，在商业领域，数据分析可以预测消费者行为，优化供应链，甚至进行个性化的市场营销；在医疗健康方面，大数据分析能早期诊断疾病，优化治疗方案。总体来看，大数据不仅改变了数字经济的运行机制，也对整个社会的认知体系和行为模式产生了深远影响。

## （二）数字经济的发展现状

2022年，我国数字经济实现更高质量发展，进一步向做强做优做大的方向迈进，主要表现在以下几个方面。

一是数字经济进一步实现量的合理增长。2022年，我国数字经济规模达到50.2万亿元，同比名义增长10.3%，已连续11年显著高于同期GDP名义增速，数字经济占GDP比重达到41.5%，这一比重相当于第二产业占国民经济的比重。[①]

二是数字经济全要素生产率进一步提升。2012—2022年，我国数字经济全要素生产率从1.66增长至1.75，这一增长率明显高于整体国民经济生产效率。[②]这表明数字经济不仅自身具有高效性，还在整体经济中起到了支撑和拉动作用。观察不同产业之间的数据，也能发现一些有趣的趋势和现象。第一产业在数字经济全要素生产率上的增长相对较小，但依然不容忽视，这可能是因为农业和其他初级产业开始逐渐应用数字技术，虽然起点较低，但增长潜力巨大。第二产业则表现出先升后降的态势，这或许与初步的自动化和数字化实现后，其进一步提升受到一定瓶颈或市场饱和的影响有关。最值得注意的是第三产业，其数字经济全要素生产率大幅提升，成为数字经济全要素生产率增长的关键力量。这一点也并不令人惊讶，因为服务业和其他高级产业更容易利用数据和高级

---

① 中国信息通信研究院.中国数字经济发展报告（2023年）[EB/OL].（2023-04-27）[2023-08-28].http://www.caict.ac.cn/.
② 中国信息通信研究院.中国数字经济发展报告（2023年）[EB/OL].（2023-04-27）[2023-08-28].http://www.caict.ac.cn/.

算法来提升效率，因此在数字经济中具有天然的优势。

三是数据生产要素价值进一步释放。通过制度创新和市场建设，数据生产要素价值得到更为全面和深刻的释放，为数字经济的持续和快速发展打下了坚实的基础。在制度层面，数据产权、流通交易、收益分配以及安全治理等基础制度得到加速建设，有效地解决了数据价值释放过程中的多种问题和挑战。这一系列制度建设成为推动数据价值最大化的关键支柱。与此同时，数据要素市场建设步伐明显加快，表现为数据产业体系的进一步完善。不仅如此，数据确权、定价和交易流通等方面也开始出现市场化探索，这些探索为数据生产要素价值的进一步释放提供了更为多元和灵活的路径。随着这些制度和市场机制的不断成熟，数据作为一种重要的生产要素，其内在价值得以有效挖掘和应用，有助于推动整个数字经济生态系统的健康、高效发展。

## 第二节 企业数字化转型认知

在数字经济时代这一宏观背景下，企业如何应对和适应变革，进行成功的数字化转型，显得尤为关键。简而言之，数字经济不仅重塑了商业生态和消费行为，也要求企业更新自己的经营理念和模式，以便更好地融入这个新的经济环境。本节将简要分析企业在这一背景下需要怎样认识和实施数字化转型。

### 一、企业数字化转型的意义

企业的数字化转型是指以数字化技术为基础，以数据为核心，以产品/服务转型为流程，以优化重构为手段，从而实现企业绩效与竞争力的根本性提升的一系列变革。数字化转型旨在借助数字世界里强大的可连接、可汇聚和可推演的能力来进行产品、业务和商业模式创新，以更低的成本、更高的效率为客户提供更好的服务和体验。在数字经济时代,企业数字化转型的意义主要体现在六个方面,如图1-4所示。

提高运营效率　　　　　　　　　提升客户体验

提升组织适应性　　　　　　　　创新业务模型

利用数据驱动决策　　　　　　　增强市场竞争力

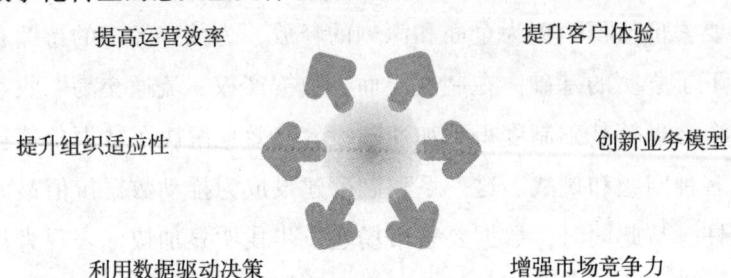

图1-4　企业数字化转型的意义

### (一) 提高运营效率

数字化转型让企业可以运用先进的信息技术和数据分析工具,实现高效的信息管理和业务流程自动化。例如,使用 ERP 系统,可以精确掌握库存、生产、财务等多个环节,大大减少了人工操作所需的时间和出错率。自动化不仅仅局限于基础的数据处理和信息流通,还扩展到供应链管理、人力资源以及客户关系管理等方面。这样不仅提高了单个环节的工作效率,还增强了各个环节之间的协同作用,确保信息在整个组织内快速、准确地流动。实时的数据分析也让企业能够快速应对市场变化,做出精准的战略调整。例如,通过分析销售数据和市场反馈,企业可以迅速调整生产计划和销售策略,避免库存积压和资金占用。通过数字化转型,企业能在短时间内完成高质量的工作,进而提高整体的运营效率和市场反应速度。

### (二) 提升客户体验

数字化转型中的客户关系管理系统(CRM)和各种智能服务工具,如在线聊天机器人、移动应用程序等,大大提升了客户体验。通过 CRM 系统,企业可以轻松地跟踪客户的购买历史、反馈和偏好,从而提供更个性化的服务和产品推荐。例如，电商平台通过用户历史搜索和购买数据，可以推送更符合个人需求的产品信息。同时，智能工具如在线客服机器人能提供 24 小时不间断的服务，解答客户在购物或使用服务过程中的问题。在服务后期，通过数据分析，企业还可以了解哪些环节可能影响客户满意度，并针对性地进行改进。例如：在物流方面，通过实时追踪和数据分析，企业能预测并解决可能出现的延迟或错误，确保客户获得及时、准确的送货服务。通过这些数字工具和数据分析，企业不仅可以提供高效的服务，还能在细微之处展现对客户需求的理解和关注，从而赢得客户的忠诚度。

### （三）创新业务模型

数字化转型为企业提供了更多创新业务模型的可能性。利用大数据分析、人工智能和云计算等先进技术，企业可以更准确地洞察市场需求和消费者行为，进而设计更符合目标市场的产品或服务。例如，零售商通过线上平台和数据分析，不仅可以优化现有的销售渠道，还能尝试订阅制、按需服务或共享经济等全新的商业模式。数据分析还能帮助企业在早期识别潜在的市场风险和机会，从而更灵活地调整业务策略。在产品开发方面，数字化允许企业通过迅速的原型测试和市场反馈，缩短产品从概念到上市的时间周期。即使是传统的制造业，也可以通过物联网和数据分析优化生产流程和产品设计。总体而言，数字化不仅优化了企业的运营效率和客户体验，还拓宽了业务模型的创新空间，使企业能够更灵活、更快速地适应不断变化的市场环境。

### （四）增强市场竞争力

数字化转型让企业在信息爆炸的时代中具有更强的竞争力。在一个以数据和信息为驱动力的市场环境中，能够快速获取、分析和应用数据的企业具有明显优势。例如，通过实时监控和数据分析，企业能够迅速识别市场趋势和消费者需求，然后即时调整营销策略和产品定位。这种快速响应能力不仅能提高市场占有率，还能在必要时避免潜在的风险。同样，在供应链管理方面，数字化可以实现更高的透明度和响应速度。通过使用先进的数据分析工具，企业可以实时监控供应链的每一个环节，从而优化库存管理、降低成本和提高交货速度。此外，数据分析还能用于人才管理和团队建设，通过分析员工的工作效率和技能，企业能更精确地进行人才配置和培训，进一步提高整体竞争力。

### （五）利用数据驱动决策

数字化转型意味着企业更多地依赖数据来做出决策。利用各种数据分析工具和大数据平台，企业可以实时地收集和处理大量信息，这些信息涵盖市场趋势、消费者行为、操作效率等多个方面。例如，通过分析社交媒体反馈和在线评论，企业能迅速了解产品或服务的市场接受度，并据此调整营销策略或产品设计。同样，通过对销售数据的实时监控和分析，企业能即时了解哪些产品或服务最受欢迎，哪些需要改进或下架。这种数据驱动的决策模式不仅提高了决策的准确性，也大大缩短了从数据收集到决策执行的时间，使企业在激烈的市场竞争中更具灵活性。

### （六）提升组织适应性

数字化转型不仅优化了企业的内部运营，还增强了其适应外部变化的能力。在当前这个快速变化的市场环境中，企业面临着各种不确定性，包括政治风险、经济波动和技术革新等。数字化工具，如远程工作平台、在线会议软件和项目管理工具，可以帮助企业在面对这些不确定性时保持稳定的运营。例如，远程工作平台让员工无须到办公室也能高效地完成工作任务，这不仅降低了因突发事件导致的运营风险，还增加了企业招聘不同地域和文化背景人才的灵活性。在线会议和协作工具也让跨地域或跨部门的团队能更有效地沟通和协作。这样的数字化实践不仅提高了组织的工作效率,也使其更具适应性和韧性,能快速应对各种外部挑战和机会。

## 二、企业数字化转型的原则

企业数字化转型是一个复杂且长期的过程,涉及多个层面的变革和整合。为确保转型行动不仅高效而且具有持久性,必须依据一套清晰、全面的原则进行操作。这些原则包括坚持价值导向、坚持数据驱动、坚持创新引领、坚持统筹推进、坚持开放合作以及适时调整优化,如图1-5所示。这六个原则相互关联,共同构建了一个稳健可行的转型框架,能够引导企业在数字化途径上系统地应对挑战、把握机会,从而实现可持续发展。

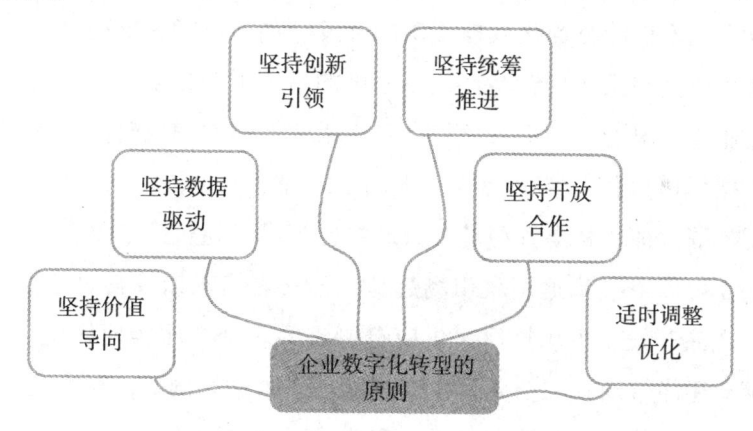

图 1-5 企业数字化转型的原则

### (一)坚持价值导向

坚持价值导向原则要求将企业持续发展的价值效益作为核心评判依据,而非仅仅关注短期的财务表现或某项具体技术的应用。有效地平衡实效性价值与中远期发展价值是至关重要的,这意味着在进行重大投资决策、应用决策时,应全面考虑其对企业整体战略和长期目标的影响。

只有这样，企业才能在数字化转型中有的放矢，避免陷入短视或一厢情愿的陷阱。

建立覆盖数字化转型的建设与治理体系是实现价值导向的关键。这一体系不仅需要囊括投资和应用决策，还应延伸到成效评价和绩效考核。通过这样全面而严格的评价体系，企业能确保每一项数字化项目都与其长期价值创造目标紧密相连，从而不断激发企业转型动力和活力。在这个过程中，价值导向起到了一个方向性的作用，可确保企业在追求技术创新和效率提升的同时，不偏离其核心使命和长远目标。

### （二）坚持数据驱动

坚持数据驱动是企业数字化转型的另一关键原则。将数据视为新的生产要素，不仅能够深化数据资源的开发利用，还能够推动以数据为核心的新型产品与服务创新。在这一原则的指导下，数据不仅仅是对过去和现在业务情况的一种记录，更是对未来商业活动和战略决策的有力指导。数据可以以信息流的形式，带动技术流、资金流、人才流、物流，在更大范围内加快各类资源的汇聚和按需流动。通过高度整合和分析数据，企业可以更准确地洞察市场趋势、消费者需求以及自身运营效率，从而在产品开发、市场推广、供应链管理等多个方面实现优化。此外，数据驱动还能带动提高全要素生产率和创新水平。例如，在制造业，通过对生产数据的实时监控和分析，企业可以及时调整生产计划，提高资源利用率，降低成本；在服务业，通过数据分析可以更精确地了解消费者需求和行为模式，从而提供更个性化、更高效的服务。

### （三）坚持创新引领

坚持创新引领意味着不仅要关注现有业务和技术的应用，还要在战略层面持续推进新一代信息技术及其应用产品的研发。创新不应仅限于技术层面，也应涵盖产品、商业模式和服务等多个维度，以形成全方位的竞争优势。通过集中攻关和高度的资源配置，企业可以在关键领域实现技术突破，从而推动和支持创新成果和能力的输出。

技术和产品迭代优化是持续创新的关键环节，需要在全产品生命周期内得到充分关注。而在数字化转型中，除了对功能和性能的追求，安全性也是不可或缺的一环。聚焦本质安全需要，意味着在技术和产品设计阶段就充分考虑到安全因素，确保从企业到完整产业链的安全可靠。这一点尤其重要，在当前日益复杂的网络安全环境下，安全问题不仅会影响企业自身，还可能影响到整个产业链，甚至对社会经济造成严重影响。因此，坚持创新引领不仅要推动技术和产品的前沿发展，也要全方位确保其安全性和可靠性，以构建更为健壮、更具竞争力的数字化企业。

### （四）坚持统筹推进

坚持统筹推进是实现企业数字化转型成功的关键之一。引进先进的系统化管理体系能够为转型提供有力的组织和流程支持。这包括从最初的蓝图设计到具体的推进路线图，所有环节都需要进行顶层设计与过程把控。对于面临高度复杂性与风险性的整体数字化运营来说，这一统筹推进原则显得尤为重要。它能确保企业在战略、业务、技术等多个方面达成一致性和协调联动，从而促进整体协同效应的最大化。

统筹推进不是仅涉及单一项目或某一业务领域的数字化，而是需要考虑企业全局，包括内部各个部门和外部合作伙伴在内的所有相关方。这种全局性的视角使企业能够更全面地评估和应对数字化转型可能带来的各种挑战和机会。例如，在应用新技术时，统筹推进原则要求企业不仅考虑这项技术能带来的直接收益，还评估其对整个企业运营、组织架构，甚至是与其他企业和整个产业生态的关系可能产生的影响。这样全面地考虑和协调，能够确保企业数字化转型行动既有力度也有方向，从而实现真正有效且可持续的转型。

## （五）坚持开放合作

开放和包容的发展理念不仅可以帮助企业加快自身的发展速度，还能为整个产业链或者生态系统带来更多的活力和创新能力。通过加强资源和能力的开放共享，企业能够有效利用全球先进的技术与实践，从而补齐在发展过程中出现的能力短板。这种开放合作模式有助于加快基于平台的能力社会化输出，这样不仅可以促进企业自身的快速成长，还能在更广泛的范围内推动产业创新和社会进步。开放合作也意味着构建一个互利共赢的合作生态。在这样的生态系统中，各方都可以通过合作获得更大的收益，而这种合作关系本身也会成为推动企业持续发展的一大动力。在数字化转型的过程中，企业需要与不同类型的合作伙伴进行广泛合作，包括供应商、客户、研发机构和政府等，以确保在复杂多变的市场环境中具备足够的灵活性和应变能力。因此，坚持开放合作不仅可以加快数字化能力建设，也是确保转型成功、实现可持续发展的关键因素之一。

## （六）适时调整优化

适时调整优化是企业数字化转型中的一项核心原则，在执行数字化战略和方案的过程中，企业需要不断地收集数据，进行分析，并据此进行相应的策略或操作调整。这不仅可以最大化投资回报，还可以减少由于市场变化、技术进步或内部结构调整等因素造成的潜在风险。

在转型过程中，适时的调整优化不仅仅限于技术实施层面，还应涵盖战略定位、组织架构、人力资源和合作关系等多个方面。例如，如果某项新技术的推广没有达到预期效果，企业可能需要重新考虑其在整体业务中的定位，或者搜索新的应用场景；如果市场需求出现明显变化，企业应及时调整产品或服务组合，以便更好地满足客户需求。同时，企业还需要与各个合作伙伴进行密切沟通和协作，确保整体业务流程的顺畅和高效，确保企业在数字化转型的整个周期内保持最佳状态，从而实现长期、可持续的成功。

### 三、企业数字化转型的实施步骤

企业数字化转型并非一蹴而就的,而是一个系统性、迭代的过程,需要精心规划和连续不断优化。从整体规划到局部试点,再到效果评价、复制放大,以及最终的运行优化,每一个环节都至关重要。合理而有效的实施步骤不仅能确保数字化转型的顺利进行,还能最大化地发挥其在提高企业竞争力和创新能力方面的作用。企业数字化转型的五个核心实施步骤如图 1-6 所示。

图 1-6 企业数字化转型的实施步骤

（一）整体规划

整体规划是企业数字化转型实施的基础和出发点,涉及对未来发展方向、目标和战略的全面梳理与明确。在这个阶段,关键任务包括识别并分析影响企业的内外部环境因素,如市场需求、竞争态势和技术趋势等。通过深入分析,企业可以确定数字化转型的核心目标,从而为后续行动提供明确指导。除了目标设定,还需要构建一份详尽的执行蓝图,该蓝图应包括技术选型、资源分配、时间表以及潜在风险和应对措施。

这样的整体规划不仅有助于确保项目各个环节的高效协同，还能提供一个用于评价和调整转型效果的基准。

## （二）选择试点

选择试点是数字化转型实施中至关重要的步骤，其目的是在有限的范围和条件下，对整体规划中的关键假设和解决方案进行实证测试。这一阶段一般会选取具有代表性和创新性的业务流程或项目作为试点，以减小潜在风险并加速学习周期。通过实施试点，企业能够获得第一手的操作经验和用户反馈，这些数据和信息对于评估转型效果、优化解决方案和指导后续行动具有重要价值。需要注意的是，选择试点应该结合企业的实际情况和目标，避免盲目跟风或局限于表面现象。同时，试点的执行和评估应当依据预先设定的明确标准进行，以确保结果的客观性和可操作性。

## （三）效果评价

效果评价是衡量企业数字化转型成功与否的重要环节，其核心在于对已实施试点的全方位分析和评估。这一步骤通常涉及多个维度的评价指标，包括但不限于经济效益、操作效率、用户满意度以及技术可行性等。企业依据预先确定的评价标准，对试点实施结果进行深入分析，从而准确判断转型方案的有效性和可行性。这种评价不仅提供了对试点成功与否的量化评估，还能揭示潜在问题和不足，为后续的复制放大和优化调整提供有力的数据支持。效果评价应是一个持续和动态的过程，旨在随着项目推进不断修正和完善转型方案。也就是说，效果评价既是一个检验阶段，也是企业数字化转型循环不断优化的关键部分。

## （四）复制放大，扩大实施范围

此阶段是在试点成功和效果评价后的自然延伸，其目标是将经过验证的数字化解决方案推广到企业的其他部门或业务流程中。这一步通常涉及对技术平台、工具和方法的细化和标准化，以便在更大的范围内实施。与此同时，可能还需要对组织架构、人力资源和合作模式进行相应的调整，以适应扩大实施带来的新挑战和机会。复制放大并不是简单地模仿试点成功的经验，需要根据不同场景和需求进行适当的定制和优化。为确保扩大实施的效果和质量，必须建立一套全面的评估和监控机制，用于持续跟踪项目的执行进度和成效。

### （五）运行优化，持续调整

此阶段是企业数字化转型中的终极环节，它确保企业不仅达到短期目标，也能持续适应长期发展需求和变化。在这一阶段，应通过持续数据分析和性能评估，对已实施的数字化解决方案进行微调和优化。关注点包括提升系统性能、增强用户体验、优化资源利用等，以实现持续改善和价值最大化。根据市场动态、技术发展和组织需求，可能还需要定期对数字化转型的整体战略和方案进行重新评估和调整。这一过程可能涉及引入新技术、拓展业务范围或调整投资优先级等，旨在保持企业在不断变化的环境中的竞争力和领先地位。

## 四、企业数字化转型的趋势

随着科技的迅速发展和全球化的不断推进，企业面临着日益激烈的市场竞争和消费者需求的多样化。数字化转型已经不再是企业的选择，而是必然的趋势。在这样的背景下，深入了解和把握数字化转型的关键趋势，对于企业来说是至关重要的。企业数字化转型的趋势体现在四个方面，具体如图1-7所示。

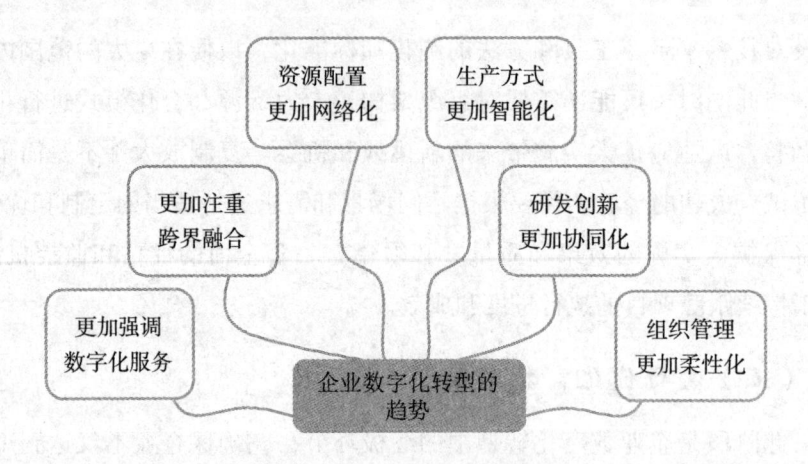

```
         资源配置        生产方式
         更加网络化      更加智能化

    更加注重              研发创新
    跨界融合              更加协同化

更加强调                              组织管理
数字化服务                            更加柔性化

              企业数字化转型的
                  趋势
```

图1-7　企业数字化转型的趋势

## （一）更加强调数字化服务

在现代企业数字化转型的浪潮中，更加强调数字化服务已经显现为主导趋势。随着消费者对服务的需求逐渐向多元化和个性化转变，数字化服务成为满足这类需求的关键工具。不同于传统的服务模式，数字化服务融合了大数据、云计算和人工智能等先进技术，为用户带来即时、灵活且高度定制的体验。在金融、医疗等领域，数字化服务更是为企业打开了全新的业务模式和收入来源。例如，银行通过数字化平台为用户提供线上信贷、投资等服务，医疗机构通过远程诊断和在线咨询为患者提供方便快捷的医疗服务。这表明，数字化服务已成为企业在当今竞争激烈的市场环境中获取新优势的关键途径。

## （二）更加注重跨界融合

在数字化转型的大背景下，企业更加注重跨界融合已经成为明确的发展趋势。跨界融合意味着不同行业、技术和市场的相互结合与协同，旨在为企业带来新的商业模式和增长点。在经济全球化和技术日新月异的今天，单一业务模式的局限性越发明显，而跨界融合则为企业打开了探索新市场、新客户和新服务的大门。例如，传统的制造业与现代的物联网技术结合，可以形成智能制造和产品追踪等新型业务模式。同样，金融行业通过与电商、物流等其他行业的合作，能够为用户带来更加便捷、个性化的服务体验。

跨界融合不仅仅局限于产品和技术的结合，还涉及企业文化、理念和价值观的相互碰撞与融合。这样的融合有助于企业在数字化转型中找到独特的竞争优势，更好地满足市场和消费者的多变需求。然而，跨界融合也带来了一系列挑战，如何平衡各方利益、如何确保数据安全和如何管理多元化的团队等。尽管如此，跨界融合的价值和潜力是不容忽视的，它为企业数字化转型提供了强大的动力和广阔的发展空间。

### （三）资源配置更加网络化

在数字化转型的进程中，资源配置更加网络化已经成为企业运营的新常态。这一趋势意味着资源不再受限于传统的物理边界和组织架构，而是在数字网络中实现高效、灵活的流动。随着数据的自由流动，信息流自然地带动了技术流、资金流、人才流和物资流，进一步实现了跨地域、跨组织和跨技术的资源优化配置。这种从单点向多点、从局部向全局、从静态向动态的优化演进，显著提升了资源配置的效率和效果，有助于企业在竞争激烈的市场环境中获得优势。

### （四）生产方式更加智能化

随着数字化转型的深入，企业生产方式正朝向更为智能化的方向迅速演进。数字技术的融入，使得企业不仅能够构建更为智能化、柔性化和绿色化的生产体系，还能确保在研发设计、生产制造到营销管理的各个业务环节之间实现无缝衔接与综合集成。这种高度的集成度不仅加速了生产流程，还大大提高了生产制造的准确度、灵活度和精细度，使得企业能更为迅速地响应市场变化，满足消费者多元化的需求。

## （五）研发创新更加协同化

在数字化转型过程中，企业研发创新逐渐从单点、孤立的活动转变为更加协同化、网络化的过程。在这一变革中，企业积极采纳基于互联网的多方参与、深度互动和快速迭代的机制，构建起创新生态，致力于重构产业知识的复用、共享和价值再造体系。这种创新生态的形成，使得研发创新能够在不同的时间和空间上进行交叉、重组和优化，进而达到更高效、更灵活的协同创新。

## （六）组织管理更加柔性化

随着数字化转型的推进，企业组织管理正逐渐从传统的层级、固定的模式转向更为柔性化、动态的形态。这一转变意味着企业更为注重团队的自主性、创新性和适应性，从而快速应对不断变化的市场环境和客户需求。柔性化的组织管理强调的是网络化的协作、跨部门的交互以及多样性的团队结构。在这样的管理模式下，企业能够根据项目需求快速地重新配置资源、调整团队结构和设定任务目标，这意味着企业能够更好地利用全球化的资源，通过远程工作、灵活的工作时段和跨时区的团队合作来实现全天候的运营。此外，柔性化的管理模式还为员工提供了更大的自由度和责任感，使得他们能够根据自己的专业技能和兴趣选择合适的项目参与，从而激发员工的创新潜能和工作热情。

# 第三节　会计在企业数字化转型中的角色与变革

随着科技的飞速发展，企业不得不与时俱进，进行各种数字化转型以应对市场和操作上的新挑战。然而，这一过程并不仅是技术层面的改变，更是一次深层次、全面的业务模式和组织架构调整。从最初的财务记录和报告，到现在更多涉及数据分析、内外部沟通、风险管理等多个方面，会计已经不再是传统意义上的"数字管家"，而是成为企业决策和战略实施中不可或缺的一环。本节将探讨会计在数字化转型中的角色与变革。

## 一、会计在企业数字化转型中的角色

企业数字化转型体现了信息技术与经济实体的深度融合，融合过程中会产生大量数据，多种数据分析手段在发现需求、细分市场、辅助管理决策、创新产品服务模式等方面发挥重要的潜在价值。通过引入先进的会计信息系统和云计算、大数据、人工智能等技术，会计工作已经从烦琐的数据录入和处理逐渐转变为高质量的信息分析和解释。这种变化使得会计能够更快、更准确地获取和处理数据，从而更有效地服务于企业战略决策。例如，通过数据挖掘和分析，会计可以准确地识别出企业运营中的瓶颈和机会，为高层管理提供有力的决策支持。

目前，会计在内部控制和风险管理方面的作用越发凸显。数字化转型不仅带来效率的提升和业务模式的创新，也带来一系列新型的风险，包括数据安全、隐私保护、合规性等。会计职能在这里不仅局限于传统的财务审计和报告，更扩展到与信息技术、数据分析、法律等多个领域的交叉合作。借助先进的数据分析工具和算法，会计能够快速地对大量数据进行清洗、分类和分析，准确地识别出可能存在的风险点和内部控制的不足。同时，会计部门还可以与企业的其他部门，如IT部门、法务部门等紧密合作，形成一个全方位、多层次的风险管理和内部控制体系。例如，在数据安全方面，会计可以参与加密技术的选择和应用环节，以保证财务数据的安全存储和传输；在合规性方面，会计需要确保所有的财务操作都符合相关法律法规和标准，包括但不限于税务、环境保护、知识产权等。这样的全面参与不仅可以有效地减少和防范各种风险，也有助于企业在复杂多变的环境中保持竞争力和可持续发展。

对外而言，会计作为企业与外部环境互动的重要桥梁，其影响同样不可忽视。数字化转型使得企业运营更加透明化，但这同时要求会计能够更精准、更及时地进行财务报告分析和信息披露。在资本市场，投资者、分析师和其他利益相关者都高度关注企业的数字化转型进程，以此来判断企业的未来潜力和价值。会计在这里不仅需要提供准确和全面的财务数据，还需能够对这些数据进行深入的分析和解释。例如，会计需要解释数字化转型如何影响企业的盈利模式、成本结构和风险暴露等，从而使外部利益相关者能够更全面地了解企业的运营状况和发展前景。这种深度的信息披露不仅能够增加企业的市场信誉，还可能吸引更多的资本注入，为企业的数字化转型提供更为有力的支持。

从以上分析可以知道，会计在企业数字化转型中扮演着多重角色。其不仅是企业内部决策的重要参谋，也是企业内部控制和风险管理的关键力量，更是企业与外界互动的主要媒介。通过全面而深入的参与，会计成为企业数字化转型不可或缺的一部分，推动企业在快速变化的经济环境中保持领先地位。

## 二、企业数字化转型中会计的变革

### （一）会计职能的变革

会计职能是指会计在经济管理过程中所具有的职责与功能。会计具有会计核算和会计监督两项基本职能。[1]

#### 1. 会计的基本职能

（1）会计核算职能。会计核算职能又称为反映职能，是指会计以货币为主要计量单位，通过确认、计量、记录和报告等环节，对特定主体的经济活动进行记账、算账、报账，向有关各方提供会计信息的功能。会计核算职能是会计的首要职能，任何经济实体要进行经济活动，都需

---

[1] 莫玲，吴海燕. 会计学原理（第 2 版）[M]. 北京：北京理工大学出版社，2020：5.

要会计提供相关且可靠的信息,这就要求会计对过去发生的经济活动进行确认、计量、记录和报告等工作,形成综合反映单位经济活动情况的会计资料。

(2)会计监督职能。会计监督职能又称为控制职能,是指会计人员在进行会计核算的同时,对特定主体经济活动的合法性、合理性和会计资料的真实性所实施的审查。合法性审查是针对各项经济业务是否遵守国家有关法律法规、财经纪律,是否执行国家各项方针政策等情况的审查,以杜绝违反财经法纪的行为;合理性审查是指对各项经济业务是否符合经济运行的客观规律和单位的内部控制制度要求、是否执行了单位的财务收支计划、是否有利于经营目标或预算目标的实现等进行的审查,为单位增收节支、提高经济和社会效益把关。

会计监督贯穿于会计管理活动的全过程,它包括对经济活动的事前、事中和事后监督。事前监督是在经济活动开始前进行监督,即审查未来的经济活动是否符合有关法令、政策的规定,是否符合商品经济规律的要求,在经济上是否可靠;事中监督是对正在发生的经济活动过程及取得的核算资料进行审查并以此纠正经济活动进程中的偏差和失误,促使有关部门合理组织经济活动,保证其按照预定的目标及规定的要求进行,发挥控制经济活动进程的作用;事后监督是对已经发生的经济活动以及相应的核算资料进行审查和分析。

2. 会计职能的转变

传统意义上,会计主要关注财务数据的确认、计量、记录和报告,即所谓的核算型会计。然而,在数字经济时代,面对全球竞争加剧、信息技术迅速发展和企业复杂性增加的趋势,单纯依靠核算型会计已难以满足企业和其他利益相关者的多样化需求。因此,会计职能正逐渐向管理型转变,这一转变意味着会计不再仅仅是一个被动记录和报告财务信息的角色,而是成为一个能够为企业决策提供有力支持的管理工具。

管理型会计更注重数据分析、预测和战略规划，它涵盖财务和非财务信息，并能够针对不同层次和不同功能的管理者提供个性化的信息。这有助于企业更加有效地进行资源分配，优化业务流程，以及实现长期战略目标。管理型会计在这方面的作用体现在多个层面。例如，可以通过成本效益分析来评估不同项目或产品的盈利能力，可以通过预算和财务规划来指导和监控企业的运营活动，可以通过对市场和竞争环境的分析来帮助企业制定更加合适的战略。在数字化转型的浪潮下，管理型会计的重要性进一步凸显。大数据、人工智能和其他先进技术的应用使得会计人员能够更快速、更准确地处理和分析数据，从而为企业决策提供更加全面和深刻的见解。

## （二）会计工作的变革

在企业数字化转型进程中，不仅会计职能发生转变，会计实务工作也面临着一场前所未有的变革。会计工作的变革主要体现在四个方面，如图1-8所示。

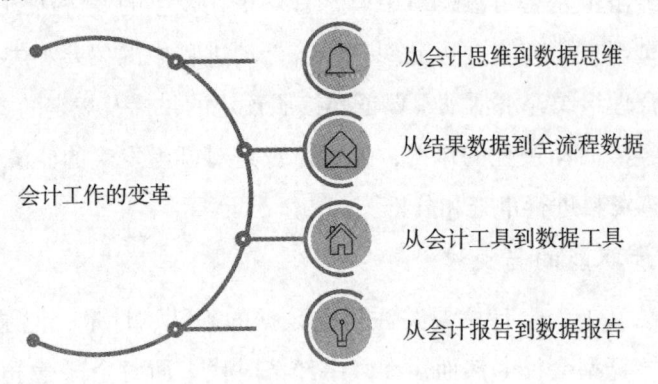

图1-8 会计工作的变革

### 1. 从会计思维到数据思维

传统的会计思维着重于信息的可靠性，通过原始凭证和历史成本来保证这一点，采用复式记账法和统一的会计准则作为信息加工的方法，并通过会计科目和报表体系来进行专业的信息报告。这种思维模式在处理能力有限和技术不发达的情况下是合理和有效的，因为它能够筛选出重要的信息进行处理。然而，在当前的数据驱动的环境中，传统的会计思维很容易忽视或排除大量其他有用的数据，这在新技术极大地提高了数据处理能力的今天显然是不合适的。基于此，数据思维应运而生。数据思维并不仅仅关注是否有原始凭证、能否用货币计量或如何按照会计准则来进行分类，而是更多地基于业务活动流程来看待数据的生成、采集、记录、加工和分析。

这样的转变有多方面的意义和价值。首先，数据思维消除了财务数据和业务数据之间的界限，认为这两者都是业务活动生成的数据，因而都应该是会计工作的处理对象。这样不仅扩大了会计工作的范围，也使得业务和财务数据更为融合。其次，在数据思维模式下，会计处理方式和其他数据加工方式没有本质区别，都是数据加工的方法，这意味着会计工作的工具库和方法体系将大大丰富。最后，数据思维改变了信息报告的方式，不再局限于传统的定期会计报表，而是可以提供更多实时的、适应企业经营需要的各种信息报告方式。

从会计思维到数据思维的转变不仅拓展了会计工作的发展空间，也更好地适应了企业在复杂多变的商业环境下的信息需求，有助于企业更有效地进行决策和管理。

2. 从结果数据到全流程数据

传统会计工作多聚焦于结果数据，如固定资产购置、差旅费用和销售收入等，这些都是业务活动中能够明确量化和记录的数据。然而，这种仅关注结果数据的方式在现代商业环境下显得不够全面，很难深刻解析和理解业务活动的内在规律和多维性。以差旅费用为例，传统会计通常仅仅记录与差旅相关的票据，如火车票和住宿发票。但这样的数据无法全面反映差旅的具体情境，如出差时间、地点、人员、频次、内容和成果等。只有通过全流程数据的收集和分析，才能更准确地掌握差旅费用的实际支出和内在规律，从而为企业的决策提供更为全面和深刻的视角。

在数字化大潮的推动下，会计工作的对象和范畴也应不断拓展。不仅是与特定业务活动直接相关的数据，还包括与业务活动间接相关或可能产生影响的数据，如行业数据、宏观经济数据、自然环境数据和社会发展数据等。这些全流程数据不仅可以增强会计信息的多维性和内在联系，也能更全面地反映和解读业务活动及其背后的复杂因素。

从结果数据转向全流程数据是一种必然趋势，它不仅能够提供更多元和全面的信息，也更有助于挖掘业务活动的深层次规律和内在逻辑。这一转变不仅丰富了会计工作的内容和方法，也更符合当前数据驱动决策的商业环境。

3. 从会计工具到数据工具

传统意义上，会计工作依赖特有的工具体系，如复式记账法、权责发生制、收付实现制、成本归集分配方法、货币时间价值以及财务比率分析等。这些工具在会计思维的引导下主要用于处理财务数据。然而，在当前数据化的大环境下，这些仅仅是数据加工和分析工具中的一部分。当工作对象从财务数据扩展到全流程数据时，处理这些数据所需的工具范围也随之拓宽。在数据化的核心驱动下，任何能够加工和分析数据的工具都应视为会计工作的潜在工具。这包括但不限于数据分类、聚类、回归、预测等基础数据工具，以及更为复杂的文本挖掘、语义分析、建模分析和最优化求解等运筹管理方法。这些数据工具不仅能够更全面、更深刻地分析和解释业务活动，还能提供更为丰富和多维度的视角。

4. 从会计报告到数据报告

传统的会计报告，无论是财务还是管理会计，都是基于会计工具和数据进行加工处理后的成果。这些报告通常只能定期发布，由于受到会计准则、分期和专用术语的限制，大多需要专业人员进行解读。然而，在智能化、实时化、可视化和易读性成为新技术发展趋势的今天，这样的报告形式已经不再符合现代企业的需求。

  数据报告的出现即是对如何破解这一局限性的回应。数据报告不仅包含了传统财务数据，还拓展至全流程数据和其他相关数据，如行业数据、宏观经济数据等。这样的报告可以通过各种新形式呈现，如数据可视化和实时数据监控系统等，使得不仅专业人员，甚至企业的内外利益相关者也能更容易地解读和利用这些数据。在数据驱动的商业环境中，数据报告具有更高的灵活性和实用性，能够更准确、更及时地反映企业的经营状况，从而为决策提供更为全面和精准的信息。这不仅提高了数据的易用性和可访问性，也符合现代商业环境中对信息实时获取和处理的需求。因此，未来应通过应用新技术和工具，将数据处理的结果以更高效、更易懂的方式传达给企业的内外利益相关者。这样的转变无疑将增强会计工作在企业管理和决策中的价值和影响力。

# 第二章　企业会计智能化基础

本章旨在对企业会计智能化进行整体介绍。首先介绍了从传统会计到会计智能化的演变过程，然后分析了企业会计智能化的理论支撑，接着阐述了企业会计智能化的深远意义，最后探讨了企业会计智能化建设的基本框架。

## 第一节　从传统会计到会计智能化

从最初使用算盘和计算器等简单工具，逐渐过渡到基础的单机会计软件，再到后来的全面信息化，直至如今备受瞩目的会计智能化，企业一直积极地、开放地接纳和应用会计新技术。本节将对会计智能化的发展脉络进行系统的梳理，如图 2-1 所示。

第二章 企业会计智能化基础

图 2-1 会计智能化的发展脉络

## 一、手工会计：低效和易错的人工操作

手工会计是会计历史中最早的阶段，主要以纸质账簿、手写记录和简单的数学运算为主要工具和方法。在这个阶段，会计主要关注基础的财务记录和报表生成，如日记账、分类账、试算平衡表等。全部操作都是人工进行，数据处理的速度相对较慢，而且容易出错；即使是最简单的财务交易也需要通过多个步骤进行记录和确认，错误的发生率高，且一旦发生，找出并更正错误往往是一件耗时且困难的任务。另外，手工会计因为其低效和易错的特性，通常只适用于小规模、业务相对简单的企业或个体经营者。随着业务规模和复杂性的增加，手工会计已经无法满足更高的数据准确性和处理效率的需求，从而催生了后续的会计电算化和信息化发展。

## 二、会计电算化：人工的简单替代

会计电算化标志着从手工会计向现代会计过渡的第一步，发生在20世纪80年代至90年代初。会计电算化是指以电子计算机为主，将当代电子技术和信息技术应用到会计实务中。具体而言，它是用电子计算机代替人工记账、算账、报账，以及替代部分由人脑完成的对会计信息的分析和判断的过程。

## （一）会计电算化的特点

第一，会计电算化以电子计算机取代人的非创造性脑力劳动，与机器取代人的脑力劳动如出一辙。其显而易见的特点就是具有手工会计不具有的数据处理速度和准确性，这是由计算机固有的特点所决定的。在程序的控制下，计算机可以不知疲倦地以极高的速度对数据进行对人来说纯粹是枯燥无味的各种处理，如分类、汇总、计算、传递等，只要程序和原始数据正确，其结果必然精确无误。

第二，会计电算化在信息存储方面采用磁带、磁盘或光盘，代替了传统的纸质记录。这一转变大大减少了信息存储所占据的自然空间，保管、携带相对方便，数据的检索、传递异常快捷。这些先进载体中的信息不如纸载信息直观，必须以计算机设备为媒介才能展现在眼前（输出到屏幕或打印机）；在保管上要采取一些特殊的措施（如防磁、防非法篡改等）；对传统的审计手段也要更新其技术方法，以适应这一先进的信息存储形式。

第三，会计电算化基于工具的变革，与手工会计相比，人的工作侧重点及其工作程序均有较大变化。在手工条件下，人的主要精力放在记账凭证以后的分类、汇总、登账、核对、结账、计算、报表等周而复始的琐碎事务上。在这一过程中，重复抄录数据和大量的简单加减计算浪费了大量的人力，这也是产生错误的根源。实际上，整个会计核算过程从记账凭证生成之后，其处理流程基本上是固定的，记账凭证可看作原始的财务数据记录，各账簿中的数据只不过是根据核算要求从凭证中整理汇集而成。在电算化的条件下，上述会计核算过程，从对记账凭证的处理直至会计报表生成的整个实质性过程均由计算机代劳，无须人的干预。会计人员的主要工作一方面放在加强对原始单据和记账凭证的整理和审核上，保证其能够正确无误地输入计算机（在与其他电算系统共同运行的情况下,在完成一项经济业务的同时即能生成合格的凭证,通过磁盘或联网能直接传递,也省却了人工);另一方面把主要精力放在对会计信息的分析、研究上,充分发挥会计人员的管理职能,利用计算机处理的结果,对生产进行有效的辅助调控、计划和决策,提高经济效益。

第四,会计电算化通过统一会计循环程序,实现了核算方法的规范性和一致性。与手工会计不同,电算化避免了各单位根据自身需求采用不同流程,从而减少了数据录入的工作量和潜在的不一致性。会计循环程序涉及从经济业务到会计凭证,再到账簿和会计报表的整个流程。手工条件下,会计循环程序存在多种形式,允许不同单位根据实际需求选择最适合的方式。但电算化通常采用记账凭证核算形式循环程序,这是一种基本但细致的核算方式。它直接根据记账凭证进行登记,能详细反映经济业务的具体情况,包括账户间的对应关系和经济业务的整体流程。虽然这种方式工作量相对较大,但由于电算化的高速度和准确性,工作效率得以显著提升,同时确保了核算数据的完整性和系统性。

第五,会计电算化的组织机构及对人员的素质要求和配备,有其自身的特点。首先,新形势要求会计人员既掌握会计业务知识,又掌握电子计算机的使用知识;其次,在组织机构系统中是以会计事务的不同性质来划分和设置会计岗位,如工资、成本、材料、固定资产、销售等;最后,在电算化系统中,所有会计事务均由计算机程序实现,人员组织一般按照财务数据的不同形式或机器处理数据的不同阶段来划分,如凭证编制、数据录入、审核记账、数据输出、系统维护等。需要注意的是,当会计电算化达到更高层次时,还应将财务分析、决策计划纳入会计组织机构。

(二)会计电算化的意义

1. 提高会计信息质量和工作效率

会计电算化通过计算机自动完成原始数据的录入和会计报表的打印

输出,以及日常管理所需的数据查询。这不仅减轻了会计人员的工作负担,也极大地提高了数据处理的准确性。以前需要几个小时甚至几天才能完成的复杂计算和报表制作,现在只需几分钟。同时,电算化还消除了人为错误和遗漏的可能性,从而提高了会计信息的质量。高质量的会计信息是企业有效决策和风险管理的关键,因此电算化在提高整体企业绩效方面起到了不可忽视的作用。

2. 规范会计工作程序,提高企业管理水平

会计信息是企业管理的核心,电算化通过软件实现了从数据录入到处理和输出的全过程自动化。这一过程严格遵循会计准则和操作规范,有效地规范了会计工作流程。与传统手工操作相比,电算化减少了不规范和不统一的问题,从而提高了数据的可靠性和一致性。这不仅增强了内部控制机制,还优化了企业的决策过程,进一步提高了企业的管理水平。

3. 推动会计技术、方法、理论创新和观念更新,促进会计自身不断发展

会计电算化的实现,对传统会计方法、会计理论产生了重大影响,从而引起会计制度、会计工作管理体制的变革,促进了会计自身的发展。

### 三、会计信息化:流程的信息化整合

20世纪90年代末至21世纪初,我国会计进入会计信息化阶段。特别是1998年在深圳举办了"会计信息化理论专家座谈会"后,该概念得到了广泛的认可和研究。[①] 当时主要的会计软件厂商如金蝶和用友开始向管理软件供应商转型,会计信息系统也由单机版向网络版转型。

会计信息化概念的提出引发了理论界、实务界的强烈关注和持续

---

① 刘勤,杨寅. 改革开放 40 年的中国会计信息化:回顾与展望 [J]. 会计研究,2019(2):26-34.

研究。杨周南提出了会计信息化集成式的控制与审计系统,即 ISCA 模型。[①]2009 年 4 月,中华人民共和国财政部印发《关于全面推进我国会计信息化工作的指导意见》,国内会计信息化工作开始全面提速。从企业端来看,应主要把握两个关键,即会计准则实施和财务报告信息化、内部控制和评价报告信息化。[②]

### (一)会计信息化的推动因素

#### 1. 知识经济是会计信息化产生的外部条件

知识经济作为建立在知识和信息的生产、分配和使用基础上的经济,就是知识和技术的不断创新。它不仅对社会、经济以及个人带来更多的挑战和机遇,而且对提供企业管理信息、参与企业经营决策、服务于提高企业经济效益、处于企业管理核心地位的会计管理也产生诸多影响。

#### 2. 现代信息技术与传统会计模型之间的矛盾是会计信息化的内在因素

随着信息技术的飞速发展,传统会计模型面临着越来越多的挑战。传统会计主要是在相对稳定和简单的经济环境下发展起来的,而现代社会经济环境的复杂性和多变性,已经使传统会计模型在某些方面有点不适应。现代信息技术要求会计不仅处理更大量更复杂的数据,还实现数据的实时更新和全面分析。这就需要新的会计模型和理论,以适应信息时代的需要。从这个角度来看,现代信息技术不仅是会计信息化发展的重要推动力,也是其内在发展逻辑。

#### 3. 企业信息化是对会计信息化的进一步促进

企业信息化是当今企业追求高效和竞争力的必然选择。企业信息化不仅涉及生产自动化,也涉及管理自动化,会计信息化就是这一目标的

---

① 杨周南. 论会计管理信息化的 ISCA 模型 [J]. 会计研究,2003(10):30-32.
② 刘玉廷. 论我国会计信息化发展战略 [J]. 会计研究,2009(6):3-10.

重要组成部分。企业管理信息系统中有 70% 以上的信息是由会计信息系统产生的，这些信息不仅用于日常的会计报表，还用于成本控制、预算分析、投资决策等多个方面。如果会计工作不能实现信息化，那么整个企业管理的信息化也将无从谈起。因此，会计信息化不仅是企业信息化的需求，也是实现企业高效管理和提高竞争力的关键一步。

### （二）会计信息化的特点

与电算化阶段简单地用计算机和软件替代手工操作不同，会计信息化对企业的整体运营有着显著和深远的影响。这一变革不仅提升了数据处理的速度和准确性，还彻底重塑了企业内部的流程和组织架构。在传统模式中，会计通常是一个相对独立的部门，主要负责财务记录和报告，与其他业务流程有一定的交叉。但在会计信息化的推动下，会计与原有业务流程的分离被重新审视和重新组合，使会计不再仅是数据的记录者，还是战略决策和业务优化的重要参与者。此外，业财一体化和财务共享众包化成为两个主要变革方向。业财一体化不仅促使会计部门与其他业务部门更密切地协作，还通过自动化和数据分析，让会计信息成为产品开发、市场推广等方面的有力支持。财务共享众包化则进一步集中了会计资源，通过云计算和大数据技术，让企业能在全球范围内高效地管理和控制财务活动。这两者的综合运用极大地提高了会计工作与企业管理、控制的整合程度，从而使企业更具竞争力和适应性。

## 四、会计智能化：全面数字化的开始

2016 年，会计领域引入人工智能，自此该技术在会计实务中迅速发展。这一飞速的推广和应用并非偶然，而是与同一时期各种信息和数字化技术的大规模出现有关。包括移动互联、云计算、物联网、大数据和区块链在内的这些先进技术，为人工智能在会计实务中的运用提供了肥沃的土壤。随着会计智能化的不断深化，预计更多尖端技术将被吸纳进这一领域，为会计实务带来更广泛和深刻的影响。

王爱国[①]、张庆龙[②]认为，会计智能化是基于业财融合的、基于企业经营活动的财务会计全流程智能化，新一代会计管理系统进一步突出了人工智能对会计管理活动与信息系统的重要性。

会计智能化概念的提出，使得其目标不再满足于提供支持决策的相关知识，而是实现组织和社会资源的优化配置。[③]

笔者认为，会计智能化这一概念之所以能在实务中落地，关键在于它产生于企业数字化转型这一更大的背景之下。在这样的环境中，会计的两大核心职能——核算和监督获得了数字化赋能，表现为更高的精确度和效率。因此，会计智能化的出现标志着传统会计已经踏上了全面数字化的道路，这不仅体现在实务操作上，也在理论层面提供了全新的视角和解释框架。这种全面的数字化转型有助于弥补传统会计理论在解释现实问题方面的不足，为会计学提供了新的理论和实践维度。

## 第二节　企业会计智能化的理论支撑

### 一、共享经济理论

共享经济的迅猛发展，不仅对传统的会计假设、计量方法与会计核算产生了巨大冲击，而且给传统的会计职能、报告模式带来了机遇与挑战。构建实时共享的财务业务数据平台，对于会计数据的智能化处理与即时获取意义重大。

---

① 王爱国.智能会计：会计转型发展的方向[J].会计之友，2020（9）：2-5.
② 张庆龙.智能财务研究述评[J].财会月刊，2021（3）：9-16.
③ 续慧泓，杨周南，周卫华，等.基于管理活动论的智能会计系统研究：从会计信息化到会计智能化[J].会计研究，2021（3）：11-27.

## (一)共享经济的内涵与特征

### 1. 共享经济的概念

美国得克萨斯州立大学的马科斯·费尔逊教授、伊利诺伊大学的琼·斯潘思教授[①]首次提出"协作消费"的概念,指拥有闲置资源的机构或者个人有偿让渡资源使用权给他人,让渡者获取回报、分享者利用闲置资源来创造价值[②],这种以获取报酬为目的而进行对闲置资源的更合理活动的商业模式[③],提倡共享、使用而不占有和不使用即浪费。故此共享经济又称为分享经济,是指以获取报酬为目的而让渡一定的物品使用权,通过对闲散资源使用权的暂时转移,使得更广泛的用户以更低的成本获取产品或服务的一种资源配置模式。从经济学角度看,共享经济实质上是将社会海量分散的闲置资源进行平台化、协同化的集聚、复用与供需匹配,从而实现经济与社会价值创新的新形态。

### 2. 共享经济的特征

共享经济提供了标准化、集约化的资源配置新模式,创造了共享服务的商业理念和价值,具有大众参与、人人共享,成本低、效率高,全时空、全要素、全开放等特征。

(1)大众参与、人人共享。大众参与、人人共享是共享经济的核心特征。在这一模式下,传统的资源所有权和使用权分隔变得模糊,人们更多地依赖于社区资源或他人拥有的资源以满足自己的需求。例如,通过共享经济平台,人们可以租用他人的住所、车辆或其他物品,而不是购买属于自己的。这种方式不仅使资源的使用更加高效,还能减少资源浪费,提高整体社会的资源配置效率。与此同时,这种模式也促进了公

---

① Felson M, Speth J. Community srucure and collaborative consumption: a routine activity approach [J]. American Behavioral Scientist, 1978(21): 614-624.
② 黄骏. 对我国共享经济发展的研究 [J]. 经营管理者, 2016(2): 245.
③ 张玉明. 共享经济学 [M]. 北京:科学出版社, 2017: 87-89.

众的广泛参与。因为任何人都可以成为供应方,提供自己的资源或服务,而不仅仅是传统的大型企业或机构。这种去中心化、平民化的资源分配方式,实质上是让每一个人都有可能成为共享经济的参与者和受益者,进一步推动了大众的参与和真正的共享文化。

(2)成本低、效率高。在传统经济模式中,消费者往往需要承担购买和维护某一资产的全部成本,而在共享经济中,消费者仅支付其使用时的费用。这大大减少了固定成本和资本投入,使得资源的获取更为经济和灵活。例如,通过共享经济平台租用一个物品,消费者避免了购买和长期维护的费用,仅需为使用时长或效果支付费用。同时,供应方也受益,因为他们可以通过出租未充分使用的资源获得额外收入,从而提高资产的整体使用效率。资源的快速流动和转换,不仅满足了个体的多样化需求,还促进了经济的活力和创新。这种高效率、低成本的特性,为共享经济在全球范围内的快速扩展提供了坚实的基础。

(3)全时空、全要素、全开放。全时空、全要素、全开放描述了共享经济的无界限特性。全时空意味着在共享经济中,交易和资源共享可以在任何时间、任何地点进行。借助现代技术,尤其是移动互联网和应用程序,消费者和供应商可以随时随地连接,实现即时的资源调配和需求满足。全要素涵盖共享经济的广泛性,不仅仅是物理资产如房屋或车辆,知识、技能和各种服务也都可以在共享平台上进行交易。这为个体提供了更多的机会和选择,使得人们能够更灵活地配置和利用资源。全开放则代表共享经济的包容性和无障碍特性。传统的市场门槛、资本和知识壁垒在共享经济中被打破,使得更多的人可以进入市场,无论其背景、资产或技能如何。这种开放性鼓励了多样性和创新,同时为社会带来了更加平等和公正的资源分配机会。

3. 共享经济的理论演进

共享经济理论的演进分为三个阶段:理论萌芽阶段、理论发展阶段和理论成熟阶段。

（1）理论萌芽阶段。共享经济因互联网的崛起而逐渐浮现，但由于受到时间和空间的制约，它仍处于初始和不成熟的状态。在这一时期，马科斯·费尔逊和琼·斯潘思在1978年率先提出了"协作消费"的概念，为共享经济打下了理论基础。这个概念描述了在联合活动中消费经济产品或服务的行为。此阶段的相关理论研究还涉及礼品经济理论、开源经济理论和循环经济理论等，它们为共享经济的发展提供了更加深入的思考和探索空间。

（2）理论发展阶段。随着Airbnb、Uber等新型数字化分享平台的出现，共享经济进入起步发展阶段。这一阶段出现了多种与共享经济相关的理论。例如，交易成本理论帮助人们理解在这种新型经济模式中资源配置的效率性，双边市场理论探索了如何在供需双方之间建立和维护有效的连接，颠覆性创新理论分析了这些新模式如何颠覆传统市场结构和经济模式，消费行为理论关注消费者在共享经济中的决策和行为模式。这些理论的发展为共享经济的进一步研究和实践提供了坚实的理论基础。

（3）理论成熟阶段。这一时期的研究呈现出多角度、多层次、多方位的特点，涉及创新扩散理论、社会交换和自我选择理论、理性行为理论等多个理论维度。这些理论相互补充，为共享经济提供了更全面的理论支撑。在实践方面，许多重要的行业领袖也对共享经济进行了深入的探讨和研究。例如，罗宾·蔡斯[①]在2015年探索了"人人时代，人人共享"的共享经济理念，并对商业新模式的重构进行了深入分析。马化腾[②]在2016年对共享经济在供给侧改革中的新经济方案进行了实践总结，

---

[①] [美]罗宾·蔡斯.共享经济：重构未来商业新模式[M].王芮，译.杭州：浙江人民出版社，2015：1.

[②] 马化腾.分享经济：供给侧改革的新经济方案[M].北京：中信出版社，2016：35.

第二章　企业会计智能化基础

强调了共享经济在经济结构调整中的重要作用。而张玉明①在2017年深入剖析了共享经济的运行机制、资源配置、商业模式和价值创造，为共享经济的实践提供了理论指导。这一阶段的研究不仅深化了对共享经济的认识，还为其持续发展提供了坚实的理论和实践基础。

### （二）共享经济理论对会计智能化的支撑

随着共享经济的快速创新与蓬勃发展，共享制造、绿色金融已成为共享经济发展的主战场。共享经济在会计智能化中的应用是会计与信息的共享化，会计智能化的核心目标是业务、财务、税务、管理决策四位一体融合。共享经济理论对会计智能化的支撑分为企业内部信息共享与企业外部信息共享，如图2-2所示。企业外部信息共享分为银企信息共享、税务信息共享、利益相关者信息共享。

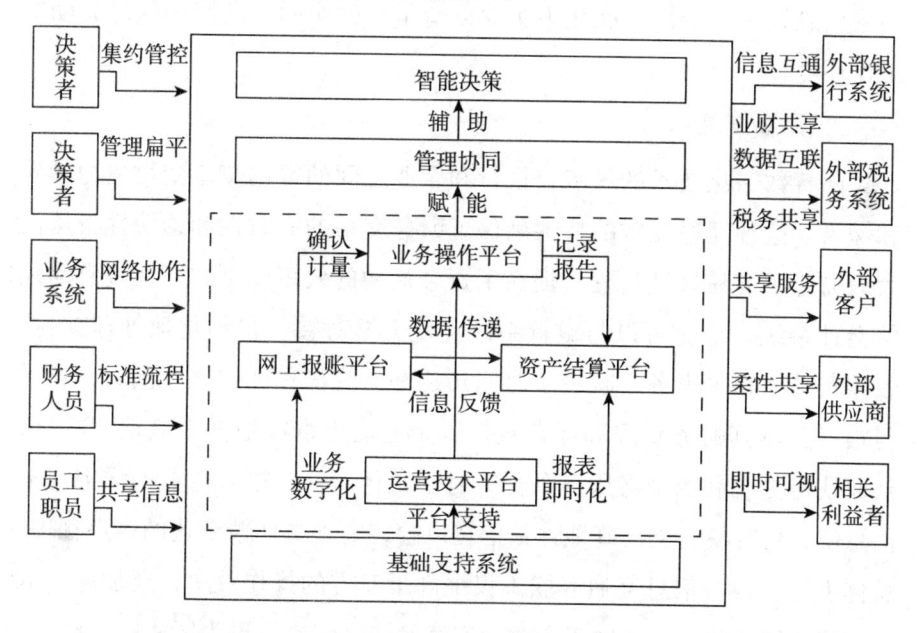

图2-2　共享经济理论对会计智能化的支撑框架

---

① 张玉明. 共享经济学 [M]. 北京：科学出版社，2017：47-48.

1. 企业内部信息共享

企业内部信息共享是共享经济理论在会计智能化中的重要体现。在现代企业环境中，跨部门的协同合作对于业务的成功至关重要。通过共享关键的财务和非财务信息，组织内的各个部门可以形成一个统一的认知和目标视角，确保决策与企业的总体策略保持一致。此外，随着大数据和人工智能技术的快速发展，信息共享为企业提供了更深入的洞察力，帮助其发现隐藏的模式、趋势和机会。实时的数据共享还可以加快响应速度，使企业能够迅速地应对市场变化、竞争压力或内部挑战。而在员工层面，信息共享鼓励团队之间的交流和合作，可以提高员工的积极性和创新能力。更重要的是，当所有相关部门都能够访问到相同的数据和分析时，就可以消除信息孤岛，确保整个组织的高效运作。通过整合和共享信息资源，会计智能化为企业创造了更为协同、敏捷和信息驱动的工作环境。

2. 银企信息共享

随着数字化技术的进步，银行和企业之间的数据交流变得更为频繁和深入。这种互通互联的特性确保了财务交易的实时性和透明性，从而大大简化了交易处理过程，提高了资金流动的效率。例如，通过自动化的会计系统，企业可以与银行系统实现无缝对接，自动化地处理支付、收款和其他相关事务，减少了时间延迟和人为操作的错误。同时，通过与银行分享其财务状况和运营数据，企业能更直接地展示其信用状况，从而获得更有利的金融服务条件。对于银行而言，接入企业的详细财务信息使其更容易、更准确地评估信贷风险，实现更加精细化的客户管理。总体上看，银企信息互通互联不仅提高了双方的操作效率，还加深了双方之间的信任关系，有助于金融和实体经济之间进行更为紧密的合作。

3. 税务信息共享

随着数字化和自动化技术的发展，税务申报、审计和支付过程都得到了显著的简化。通过共享税务信息，企业和税务机关能够建立更为紧密的联系，确保税务合规性和透明度。智能会计系统可自动从各种业务流程中抽取税务相关的数据，自动计算、申报并支付税款，极大地减少了人为错误和欺诈的可能性。另外，税务机关能够提供实时更新的税率、规定和政策，帮助企业避免因信息滞后而产生的合规风险。信息共享还使税务审计变得更为高效，通过系统直接获得和验证企业的财务数据，从而减少了传统的现场检查和人工审计。简而言之，税务信息共享为企业带来了操作上的便捷，为税务机关提供了更大的监管能力，同时为双方创造了一个更为透明、公正的税务环境。

4.利益相关者信息共享

利益相关者信息共享是现代企业运营中的一个核心要素。在会计智能化的背景下，与各方如供应商、客户、股东和社区之间的信息流动变得更为流畅和透明。这种共享机制可确保所有利益相关者能够访问到关键的财务和运营数据，从而增强了各方之间的信任和合作关系。例如，供应商可以实时了解企业的库存和需求，更精确地计划生产和供货；股东和投资者能够获取公司的财务表现和未来预测，为投资决策提供有力支撑。

## 二、财务共享理论

### （一）财务共享的内涵与发展阶段

#### 1.财务共享的内涵

财务共享概念起源于20世纪80年代初的美国，福特公司率先实施财务共享服务。后来，美国的杜邦公司与通用电气公司也建立了财务共享中心，其他企业如我国的海尔集团、新奥集团纷纷效仿。财务共享又称为财务共享服务，是通过对人员、技术和流程的有效整合，实现组织内公共流程的标准化和精简化的创新手段。当前，财务共享服务模式已经逐渐成为企业提升财务效率，推动财务职能转型，实现企业管控精细化、服务化、智能化的重要途径。

2. 财务共享的发展阶段

按照时间进程与应用范围，财务共享的发展历经了四个阶段。

（1）初步运用阶段。20世纪80年代初的时代背景下，福特公司建立了全球第一家财务共享服务中心。这一标志性事件意味着共享服务的萌芽和诞生。在这个阶段，企业开始认识到通过集中化的方式共享财务资源和服务可以带来更高的效率和更低的成本。福特公司的成功实践也为其他企业提供了示范，标志着财务共享服务模式的开端。

（2）逐步发展阶段。20世纪80年代至90年代，共享服务的概念逐渐被广大企业认知，并广泛地应用在IT、财务等领域。这一阶段不仅限于制造业，共享服务的模式也开始向信息产业、零售、金融、通信等多个行业进行拓展。

（3）成熟应用阶段。21世纪初，欧美地区的财务共享服务达到一个成熟化的阶段，并很快扩展到了亚洲一些国家、澳大利亚和其他多个地区。在这一阶段，财务共享服务的价值已经得到了广大企业的公认，不仅带来了效率的提高，也为企业带来了全球化的竞争优势。

（4）持续发展阶段。2010年以来，财务共享服务模式得到了进一步的推广和发展。特别是随着新兴经济体的崛起以及跨国公司的并购活动，企业为了降低财务核算的成本和费用，开始更加积极地推广财务共享服务。自2012年以来，中国的多家大型企业也开始进行财务变革，规划和建设自己的财务共享服务中心，以支持其在全球范围内的高速发展。随着技术的发展，未来财务共享服务将进一步优化，不断地向云端化、自动化、智能化的方向演进。

（二）财务共享理论对会计智能化的支撑

财务共享是会计智能化的必由之路，财务共享形成的财务大数据，从管理、组织与数据等方面，为企业财务税管一体化奠定了坚实的信息基础。财务共享理论对会计智能化的理论支撑，根据发展进程分为业财融合、业财税融合、业财税管融合三个方面。

1. 业财融合

业财融合代表着财务共享服务的进一步演进和升级。在标准财务共享的基础上，如核算共享、报账共享以及前期规划设计，业财融合强调将财务管理的重心从后期报账处理向前拓展，更深入地融入企业的各个业务环节中。这种模式的转变意味着财务管理不再是一个单独的环节，而是与企业的主要业务部分如采购、生产和销售紧密结合。对于以金融和服务为主的企业，其费用比重较大，所以在构建财务共享中心时，会更加强调费用共享。相反，对于制造业企业，由于需要管理众多的客户和经销商，财务共享中心的建设更注重应收账款的管理和管控。

业财融合的实现可以分为三个阶段的转型：第一阶段，企业实现业务和财务在数据层面的互通，确保数据的准确性和一致性；第二阶段，财务部门能够对这些业务数据进行深入分析，为企业的战略决策提供有力的数据支撑；第三阶段，财务部门与业务部门的边界开始模糊，它们能够共同完成一些核心任务，实现业务与财务的深层次共享。这样的模式不仅使企业能够更加快速和准确地进行结算、支付和核算，而且大大提高了财务管理的效率和精确度，达到了"一点结算、一点支付、一点核算"的目的。

2. 业财税融合

业财税融合是在业财融合的基石上，进一步将税务管理纳入整体财务管理的范畴，从而达到更高的财务管理效率。这种融合打破了税务数据与业务交易之间的隔阂，促进了企业在各个部门、地域间统一的业务流程，确保集团企业内部的税务能够一体化地进行申报、处理、策划和风险管控。

近年来，税务部门的管理模式经历了显著变革。其中较为显著的两点是税务从过去的各省市网络隔离状态进化到现在的全国联网管理模式，以及税务开票方式由过去的分散独立方式转变为统一的开票模式。这些变化客观上为企业集团税务管理带来了更加统一、高效的处理方式，满足了企业对在线开收发票、发票在线认证、全税种的纳税申报以及税务分析的核心需求，也为"一点开票、一点算税、一点看税"的目标提供了坚实的政策和技术支撑。

3. 业财税管融合

业财税管融合代表了财务共享的新发展阶段。从简单的业务与财务融合，到更深入的业财税融合，现如今已经涉及更为复杂的管理决策服务，体现了财务共享不断的创新与进步。未来的方向显然是向业财税管大共享迈进，即不仅仅是业务、财务和税务的融合，还包括管理决策在内的全方位共享。企业集团根据自己的特点和面临的风险，需要科学地进行风险管控。这意味着横向要实现业务系统与财务共享平台的完全融合，而纵向则要与税务系统、银行系统以及采购平台等实现无缝连接。

智能财务共享中心为企业集团提供了一个极佳的平台，帮助它们整合外部资源（如供应商、客户、经销商等）和内部资源（如人力、财务数据、物料等），进一步优化资源配置。核心思路是以交易管理为中心，涵盖业务指导、事前预测、事中管控和事后监督，从而彻底重构传统的财务处理流程，达到财务数据资产化和管理智能化。以 L 集团为例，这家世界 500 强企业为了防止其子公司间的恶性竞争，采取了项目分段的策略，将不同部分的工程分配给各个二级、三级单位承担。通过建立以项目为核心的共享中心，集团财务中心能对大项目进行统一记账，待二级单位完成审批后，再提交给总部进行会计审核和付款，确保集团总部对各大项目的有效监控。

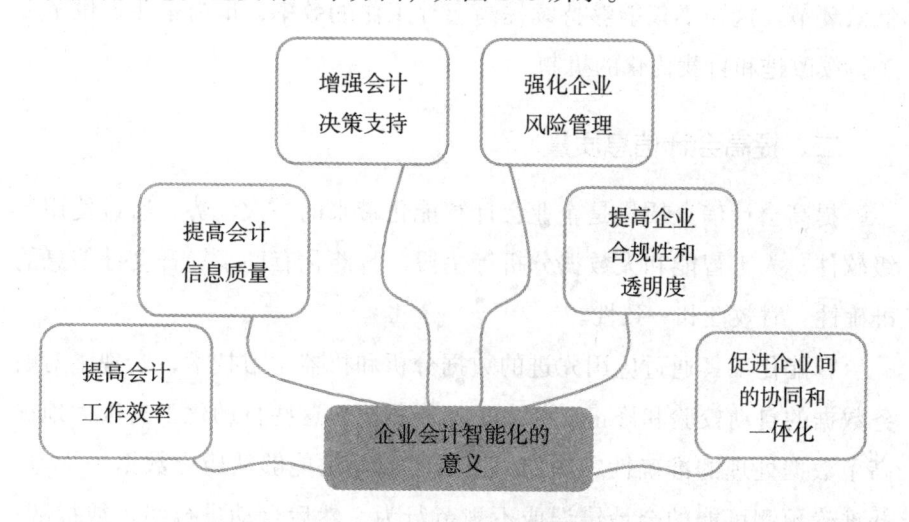

# 第三节 企业会计智能化的意义

企业会计智能化不仅是财务管理的技术进步，更是企业适应快速变化的商业环境、增强竞争力的必要手段。通过引入人工智能、大数据、云计算等先进技术，智能会计信息系统能自动执行复杂计算，准确分析数据，并生成深度洞察，从而优化决策过程。这一变革影响深远，不仅提升了企业内部的效率和合规性，还可助力企业间的协同和一体化，进而塑造更为透明、高效和可持续的商业生态系统。因此，会计智能化的意义远超传统会计范畴，已成为推动企业全面发展的关键因素。企业会计智能化的意义主要有六个方面，如图2-3所示。

图2-3 企业会计智能化的意义

## 一、提高会计工作效率

借助智能化工具，一系列会计任务得以自动化，显著提高了会计工作效率，这对企业具有深远的战略意义。

在传统的会计环境中，大量的数据录入、处理和分析往往需要人工完成，这不仅耗费大量时间，也容易出错。智能化工具通过自动化的数据收集和处理流程，极大地缩短了从原始交易到生成最终报表的时间周期。例如，智能识别和处理发票、自动完成银行对账等功能可以极大地降低日常会计工作的烦琐性，提高工作效率。对于企业来说，高效的会计工作不仅能够减少劳动成本，还能为其他业务活动提供更快速的会计信息支持。快速准确的会计报表使企业能够更迅速地做出反应，以应对市场和运营中出现的各种变化和机会。这样的效率提升有时甚至可以成为增强企业竞争力的一个关键因素。

此外，智能化促进了会计工作流程的优化。通过数据分析和机器学习，企业可以不断地审查和改进其会计操作和流程，发现潜在的瓶颈或低效环节。这样不仅能够持续提高会计工作的效率，也为企业提供了一个持续改进和自我优化的机制。

## 二、提高会计信息质量

提高会计信息质量是企业会计智能化带来的一大优势。通过使用高级软件、人工智能和大数据分析等手段，智能化有助于提升会计信息的准确性、时效性和一致性。

智能化工具通过应用先进的数据分析和机器学习技术，实现了对财务数据的自动校验和修正。与人工操作相比，这些自动化工具极大地提高了数据处理的准确性。例如，机器学习算法能够从历史数据中学习，并准确预测可能的会计错误或不规范行为，然后自动进行纠正或提醒。这一过程不仅减少了人为因素导致的误差，还能迅速发现并修正由于系统缺陷或数据传输问题而产生的错误，从而大大提高了会计信息的准确性。

会计智能化具备实时数据分析和处理能力，极大地加强了会计信息的时效性。与传统人工操作相比，智能化工具可以自动收集、分析和更新数据，几乎消除了数据处理和报告生成的时间延迟。例如，销售系统可以在销售发生时立即生成销售数据，财务系统可以在收到销售数据后立即进行账务处理，无须等待财务人员的手工录入和计算。这样，企业可以在业务发生后的第一时间获得财务数据，提高数据的时效性。

一致性也是评价会计信息质量的一个重要标准。在多元化和复杂化的经营环境中，企业的财务数据常常分散在不同的系统、部门和业务中，这给财务数据的一致性带来了挑战。财务数据的一致性是指数据在各个层面和环节上的一致和相容，包括数据定义的一致、数据格式的一致、数据计算的一致、数据理解的一致等。财务数据的一致性对于企业的决策、管理和运营具有重要的价值，而智能化有助于实现会计信息的一致性。通过使用统一的数据源和算法，智能化的会计系统确保所有会计信息都是基于相同的准则和假设生成的。这样一来，各个部门和利益相关者都能获得一致、可靠的会计信息，从而更加准确地评估企业的财务状况。

### 三、增强会计决策支持

增强会计决策支持是企业会计智能化所能实现的关键价值之一。传统会计主要聚焦于会计报表的准备和审计，而这些通常是对过去业务活动的反映。然而，在高度竞争和快速变化的商业环境中，企业不仅需要了解过去，更需要对未来进行有效预测和规划。智能化的会计信息系统可以通过引入高级数据分析、预测模型和机器学习等技术，提供更加深入和全面的分析，从而帮助管理层做出更为精确和有效的决策。例如，通过对历史销售数据的深度分析，企业可以更准确地预测未来的销售趋势和现金流，从而优化存货管理和采购策略。随着会计智能化技术的逐渐成熟，这些系统不仅可以处理财务数据，还能整合来自各个部门和业务流程的非财务数据，以实现更为全面的分析和决策支持。例如，通过整合营销、生产和供应链数据，智能会计信息系统能够更准确地评估各个产品线或业务单元的盈利情况,从而为资源分配和战略规划提供更有力的支持。这种全面性的决策支持系统减少了信息孤岛现象,提高了数据的运用效率,从而让企业能够在更广泛的范围内进行更为精细的决策。

智能会计信息系统不仅仅是一个用于生成报表和分析数据的工具,它也是一个能够不断学习和适应的系统。机器学习和人工智能算法等系统可以持续地从新数据和用户反馈中学习,从而不断优化其预测模型和分析算法。这也就意味着,随着时间的推移,智能化的会计系统将变得越来越精准和可靠,从而为企业提供越来越高质量的决策支持。

## 四、强化企业风险管理

风险管理是企业经营管理的关键组成部分。在复杂多变的商业环境中,企业可能面临着各种风险,包括市场风险、信用风险、操作风险等。强化企业风险管理是任何企业持续增长和成功的基石。在不确定的经济环境和日益增强的市场复杂性中,风险管理不仅是一种防御策略,更是一个价值创造的工具。会计智能化在企业风险管理中起到了不可或缺的作用,为企业提供了全面、及时和准确的数据支持,可确保风险在可控范围内。

在传统的会计环境中,风险管理主要依赖于历史数据和人工判断,这很容易导致对一些隐性风险或新出现的风险的忽视。然而,运用智能算法可以自动检测各种财务和运营指标的异常波动,以及市场情况的突然变化,从而实时地生成风险警报。这些警报可以即时送达决策者,使其能够在问题进一步恶化之前采取有效措施。例如,对多年财务数据进行深度分析,识别出某个业务单元或某类交易存在的异常模式,从而及时提醒管理层进行进一步的调查和干预。同时,利用智能会计信息系统还能整合来自不同部门和业务流程的数据,从而实现更全面和系统的风险评估。这一点在应对复杂和多元化的风险时尤为重要。例如,通过整合财务数据和供应链数据,智能会计信息系统可以识别供应链中存在的潜在风险，如供应商信用风险或原材料价格波动风险，并及时提供相应的风险缓解方案。这种跨部门和跨业务的风险管理方式不仅提高了风险识别的准确性，也增强了企业对风险的应对能力。

值得注意的是，智能会计信息系统也具有不断学习和自我优化的能力。这意味着系统可以根据新的数据和事件不断更新其风险评估模型和策略，从而使企业能够更灵活和迅速地应对各种不确定因素和挑战。例如，系统可能通过机器学习算法自动识别出新的欺诈风险模式，或根据最新的市场动态调整其财务风险评估模型。这种自适应的风险管理方式大大提高了企业风险管理的针对性，从而为企业创造了更为稳健和可持续的发展环境。

## 五、提高企业合规性和透明度

会计智能化在提高企业合规性和透明度方面表现得尤为突出。传统的会计系统往往难以应对日益复杂的法规要求和持续改变的业务环境，而智能会计信息系统通过高度自动化和数据分析，能够有效地解决这些问题。

在提高企业合规性方面，智能会计信息系统具有强大的数据处理和分析能力。智能会计信息系统可以自动匹配和整合来自不同部门和业务流程的数据，确保所有财务报告和内部审计活动都遵守相关法律和行业规定。例如，智能会计信息系统能够实时跟踪并核对税收数据，以确保企业遵守各种税务法规，从而避免因不合规而导致的罚款或法律纠纷。通过使用先进的加密和安全协议，智能会计信息系统还能确保财务数据的安全性，进一步增强企业的合规性。

透明度是企业可持续发展的另一个关键因素，它不仅有助于提升内部管理效率，还能增加外部投资者和监管机构的信任。在这一方面，会计智能化也能发挥重要作用。通过实时数据分析和可视化工具，智能会计信息系统能够清晰地展示企业的财务状况和业务活动，从而提供更高水平的透明度。例如，智能会计信息系统可以自动生成各种会计报表和性能指标图表，使管理层能够迅速掌握企业的实际运营状况，并据此做出更加明智的决策。通过区块链技术和智能合约的应用，智能会计信息系统还能确保财务数据的不可篡改性和真实性，从而进一步提高企业透明度。

会计智能化不仅能提高企业单一层面的合规性和透明度，还能实现多层面、全方位的管理优化。通过与其他企业信息系统（如供应链管理系统、人力资源管理系统等）的深度集成，智能会计信息系统能够提供更加全面和准确的数据分析，从而帮助企业在多个维度上实现更高水平的合规性和透明度。这不仅有助于提升企业的市场竞争力，还能有效地减少合规风险和提高企业声誉。

## 六、促进企业间的协同和一体化

在全球化和信息化的大背景下，企业间的协同和一体化显得越来越重要。过去，企业更注重自身的独立运营和竞争优势，但现今的趋势越来越强调网络化、平台化和生态化。在这种环境下，企业不仅需要优化自身的内部管理和运营，还需要与其他企业形成有效的协同关系，以实现资源的最优配置和价值的最大化。

企业会计智能化的应用能够极大地推动企业间的协同和一体化。通过云计算、大数据技术以及先进的管理软件，企业可以轻松实现跨地域、跨部门甚至跨企业的数据共享和交流。例如，供应链上的供应商、生产商和销售商可以共同查看和使用一个统一的库存和订单系统，从而确保供应链的流畅运作，减少因信息不对称而带来的损失。通过会计智能化工具，各方可以清晰地查看项目进度、成本和预算，确保项目按照计划进行，同时避免资源的浪费。这种透明和共享的工作方式不仅提高了项目执行的效率，也增强了参与各方的合作信任。

对于大型的企业集团或者跨国公司而言，如何确保集团内部各个子公司、部门之间数据的一致性和业务策略的统一，是一个巨大的挑战。智能会计信息系统可以为企业提供一个统一的数据平台，确保数据的一致性和准确性。同时，集团总部可以通过这个平台对各个子公司的财务状况、业务进展等进行实时监控，从而实现集团的统一管理与决策。更进一步地，企业会计智能化还可以促进企业与外部伙伴，如银行、投资机构、政府部门等的协同与一体化。例如，企业可以通过电子方式快速提交财务报告给监管机构，或者与银行进行实时的资金结算，提高工作效率，减少手续费用。

## 第四节　企业会计智能化建设的基本框架

### 一、企业会计智能化建设的基本原则

企业会计智能化建设不仅是一个技术层面的挑战，更是一个涉及战略、管理、人力资源和文化等多个方面的综合性任务。因此，在实施过程中需要遵循一系列基本原则，以确保项目的顺利进行和持久成功。这些基本原则旨在规范整个智能化建设的各个环节，包括信息安全共享原则、价值最大化原则、全员参与原则、规范化原则、循序渐进与不断提高原则和客观可行性原则，如图2-4所示。

```
                              信息安全共享原则
                                价值最大化原则
                                全员参与原则
    企业会计智能化建设的基本原则
                                规范化原则
                                循序渐进与不断提高原则
                              客观可行性原则
```

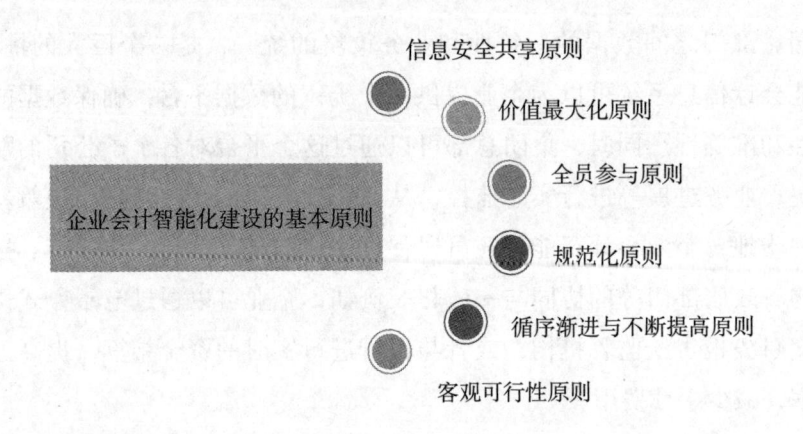

图 2-4　企业会计智能化建设的基本原则

## （一）信息安全共享原则

信息安全共享原则在企业会计智能化建设中占有关键位置。这一原则强调在确保数据安全的同时，推动信息在组织内部或者与外部合作伙伴之间的高效流通。在智能化会计环境下，数据往往是分布式存储并且需要多方实时访问，这就需要高度的安全性与可共享性同步实现。为了维护信息安全，可以采用多种加密算法和访问控制机制，如使用区块链技术来确保数据的不可篡改性，或是通过角色基础的访问控制来限定信息访问的范围和深度。

这一原则不仅有助于提高财务报告和分析的时效性，还能在更广泛的业务场景，如供应链管理、客户关系维护等方面，实现信息的全面流通和利用。通过安全而高效的信息共享，企业能够更快地响应市场变化，更准确地进行决策，并最终实现业务优势。基于此，信息安全共享原则成为连接企业战略目标与会计智能化实施的重要纽带。

## （二）价值最大化原则

价值最大化原则是企业会计智能化建设中不可或缺的一个原则。这一原则强调所有智能化会计活动和投资都应当朝着为企业创造最大经济价值的方向努力。这通常涉及成本效益分析、长期与短期价值的平衡以及对各种资源（包括财务、人力和时间）的优化配置。在会计智能化的具体应用中，价值最大化可能意味着选择那些能带来最高回报的先进技术，如人工智能、大数据分析或区块链，而不是仅仅满足于传统的自动化解决方案。这一原则也要求会计智能化解决方案能够与企业的整体战略和业务目标紧密对接。例如，在进行财务报告或数据分析时，系统应能自动识别和提示那些对企业价值创造有直接影响的关键数据和指标。这不仅可以提高决策质量，还有助于更有效地与各利益相关者沟通，包括股东、投资者、员工和客户等。

### （三）全员参与原则

全员参与原则主张不仅是财务和会计专业人员，而且企业内的各个职能部门和层级都应参与会计智能化的建设。在一个多部门、多层级的组织架构里，单一部门或层级的参与往往无法充分挖掘和应用智能化会计的潜力。例如，营销部门的数据和需求，如果能够与财务数据进行有效整合，将更有利于进行精准的成本效益分析。

全员参与原则推动了组织内部知识和信息的跨部门共享。通过统一的数据平台和标准化的数据接口，各部门能够方便地访问和使用会计和财务数据，从而在产品开发、市场推广、人力资源管理等多个方面做出更加明智的决策。这种跨部门的信息流通和知识共享，不仅能提高工作效率，也有助于形成更加协调和一致的组织行为。全员参与原则还有助于提高智能会计信息系统的易用性和用户接受度。因为系统是在多方需求和反馈的基础上进行设计和优化的，所以更容易得到广泛的用户支持和应用。这种广泛的参与和应用，进一步推动了企业智能会计信息系统的持续改进和价值最大化，形成了一种积极的、自我强化的循环。这对于企业的长期发展和竞争力提升具有不可估量的价值。

### （四）规范化原则

规范化原则在企业会计运作规程方面具体体现为工作流程、职责划分、管理规程的规范化。这种规范化确保了会计信息的准确性和一致性，也为内部审计和外部审查提供了可靠依据。工作流程的标准化有助于减少误差和遗漏，因为每一个步骤都有明确的操作指导和验收标准。职责的明确划分避免了工作重复和责任模糊，提高了整体运作效率。管理规程的规范化则为会计人员提供了明确的操作指南和行为准则，使得其在面对复杂和多变的财务问题时，能够更快地做出正确和合规的决策。

在智能技术应用方面，规范化原则主要体现为技术标准、技术流程、技术质量的规范化。这确保企业在引入和应用新技术时，能够遵循行业最佳实践和国际标准，从而减少因技术不成熟或不兼容而导致的风险和损失。技术标准的规范化不仅有助于内部系统的高效运作，也为与外部系统和平台的对接提供了便利。技术流程的规范化确保从需求分析、系统设计到实施和维护的每一个环节都能得到有效管理和质量控制。而技术质量的规范化则意味着所有的硬件、软件和算法都需要经过严格的测试和验证，以满足企业对数据准确性、系统稳定性和安全性的高标准要求。这样的全方位规范化，不仅提高了智能技术的可靠性和效率，也为企业在更广泛的业务和市场环境中实现持续和高质量的发展提供了有力支持。

### （五）循序渐进与不断提高原则

循序渐进与不断提高原则在企业会计智能化的实施中起到关键作用。这一原则意味着企业应在可控的范围内，逐步推动会计智能化的各个环节，以确保整体目标的实现。例如，通过分阶段推进，企业能更有效地管理和控制成本，避免因过度投资而导致的资源浪费。同时，这种渐进式的方法也为数据收集和分析提供了足够的时间，使企业能根据实际运行情况，及时进行必要的调整和优化。循序渐进与不断提高原则有助于提升员工对智能化会计技术的接受度，通过逐步推行，员工能有足够的时间适应新技术、掌握必要的操作技能，从而减少因突然的变革而产生的抵触和困扰。此外，这种渐进式的推进方式还有助于企业更好地应对外部环境的变化。因为会计智能化并不是一成不变的，而需要不断地根据市场需求、法律法规和技术发展进行更新和升级。因此，循序渐进与不断提高原则不仅可确保项目的顺利实施，还为企业的持续发展和竞争力提升奠定了坚实的基础。

### （六）客观可行性原则

客观可行性原则强调在推进企业会计智能化过程中，各项措施和目标设置都应基于现实情况和实际需求，而非空想或盲目追求。这一原则有助于企业更精准地识别自身的优点和不足，从而制订更符合实际的发展计划和实施方案。例如，对于一家初创企业而言，全面实施最先进的智能会计信息系统可能并不现实，因为这不仅需要大量的资金投入，还可能因技术和人力资源不足而导致失败。相反，逐步、有针对性地引入适合自身发展阶段和具体业务需求的智能化元素，能更有效地提升会计管理效能和降低相关风险。

客观可行性原则还促使企业在实施过程中进行持续的评估和调整。这包括对已实施方案的效果进行实时监测，对可能出现的问题进行预警和应对，以及根据实际运行情况对目标和计划进行微调。这样不仅有助于提高项目成功率，还能确保各项资源得到最优化配置。更重要的是，客观可行性原则也为企业与其他相关方，如供应商、合作伙伴、投资者等建立了更为真实和可信的关系，因为所有的信息和决策都是基于客观事实和合理判断，而非主观臆断或短视行为。

## 二、企业会计智能化建设的基本路径

### (一) 提高领导层的重视程度

提高领导层的重视程度是实现企业会计智能化的首要策略。领导层具有决策权和资源分配能力，因此他们的态度会直接影响会计智能化项目的投资规模、人力配置和推进速度。仅有技术团队或财务部门的支持是不够的，必须得到来自最高决策层的明确支持和指导。企业的领导需要从信息社会的宏观角度认识到实现会计智能化的作用、重要性和迫切性。具体来说，这包括对会计软件性能的全面理解，以及对如何利用智能会计信息系统为企业管理提供更多有用信息的深入洞见。不仅如此，领导层还需要为项目建立专门的执行机构，并配备技术过硬的维护人员，这些人员可以是专职的也可以是各职能部门的人员。为了确保会计智能化的顺利推进，还需在实施过程中对全体员工进行信息化培训，以培养企业自身的信息化人才。简而言之，领导层的重视不仅为会计智能化提供了战略定位，还推动了资源的高效配置和人才的全面发展。

### (二) 搭建会计智能化架构

与会计信息化功能架构有所不同，会计智能化是建立在一系列智能技术基础之上的。在具体的智能化架构搭建时需要考虑以下要点。

1. 构建数据基础

人工智能等技术是现代企业运营的新引擎，而数据则是这些引擎能够有效运作的必要条件。在这样的背景下，构建一个可靠的数据层成了紧迫的任务。这种数据层与传统信息化技术中的后台数据有很大不同，需要兼顾结构化数据和非结构化数据。

在处理结构化数据方面，标签化是一个有效的手段。所有具有业务含义的数据字段需要被重新定义并标签化，这通常通过建立一个标签字典来完成。当每一笔交易发生时,交易中包含的所有标签及标签值都会被存储到这个数据层中。这种方式不仅为数据层提供了高度的结构化,也为后续的数据分析和利用提供了方便。而在非结构化数据方面,大数据技术被广泛应用以实现有效管理和存储,基于不同的应用场景尽可能广泛地获取非结构化数据,以便于后续的数据分析和信息提取。

完成了这两方面的工作之后,就为基于规则引擎的自动化处理和基于机器学习引擎的智能建设创造了基础条件。这样的改变对于会计智能化而言具有里程碑意义,因为它不仅提升了数据处理的效率,还为数据分析提供了更加丰富、全面的基础数据,能够更好地服务于企业管理和决策。

2. 构建智能技术引擎

在有了数据基础之后,会计智能化的转型还需要一系列的技术引擎的支持,如图2-5所示。

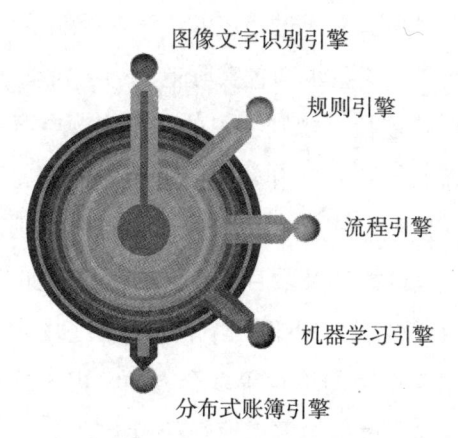

图2-5 智能技术引擎

(1)图像文字识别引擎。图像文字识别引擎在会计领域的应用具有重要价值。尽管财务数据正逐渐电子化,但很多关键信息如发票和合同还以实物形式存在。这些实物文档蕴含了大量的会计信息,是智能应用中的关键数据源。传统的信息提取方式，如人工录入和众包模式的效率较低，而且很容易导致错误。相比之下，基于OCR技术的图像文字识别引擎能够批量且高效地从这些实物文档中提取会计信息。

不同于传统OCR技术，基于深度学习的OCR引擎在准确性和稳定性方面有显著改进。传统OCR技术由于技术局限而识别率较低，而且对于格式复杂或质量较差的文档表现不佳。但是，基于深度学习的OCR引擎通过算法不断优化，可以自动适应不同格式和质量的文档，从而大幅提高识别的准确性和可靠性。通过运用高效且准确的OCR引擎，企业能够迅速并准确地处理大量实物财务文档，释放人力资源以进行更高层次的财务分析和决策支持。这种技术的应用不仅提高了数据处理速度，还大大降低了人为错误的风险，从而为后续的会计智能应用提供了更高质量的数据基础。

（2）规则引擎。规则引擎在会计智能化中起着至关重要的作用。以标签为基础元素，规则引擎通过特定的语法对控制规则进行表达和封装，进而生成多个规则包。这些规则包实际上充当了自动化审核控制的角色，减少了对人工审核的依赖。规则引擎的技术实现本身并不复杂，但关键在于如何进行清晰的标签定义和管理。这意味着需要对业务流程进行详细的拆解和梳理，以便基于这些标签来定义控制规则。以差旅费报销为例，单一的业务流程可能涉及数百个不同的标签，如费用类型、发票号、报销人等，以及数十个规则用于组合审核。这些规则可能涉及对发票真伪的验证、对费用合规性的检查等多个方面。由于标签和规则的数量庞大且复杂，因此在实施过程中需谨慎管理和维护。

规则引擎不仅提高了会计操作的准确性，还大幅度提升了效率，使得企业能够更快速地做出数据驱动的决策。同时，该引擎也为进一步引入其他智能技术提供了基础平台。

（3）流程引擎。流程引擎侧重于业务流程的自动化和优化，它通过模拟财务处理流程，识别其中的瓶颈和低效环节，并通过算法进行优化。

现代的流程引擎需要具备更强的灵活性和扩展性，以便适应智能应用中更为复杂的任务路径和分流需求。为实现这一目标，流程引擎需整合机器学习技术，从而逐步实现财务流程的智能化流转管理。具体来说，机器学习算法可以在流程派发、任务分配等环节中提供智能决策支持，以实现更高效、更灵活的操作。例如，在共享派工场景中，流程引擎可通过机器学习算法对各个派工任务的紧急程度、所需专业技能、人力资源等多个因素进行智能分析，进而实现更为灵活和均衡的智能派工。这不仅提升了整体流程的效率，也大大减少了人为错误和决策延误。

（4）机器学习引擎。机器学习引擎通过封装一系列先进的算法，并形成标准化的输入和输出接口，为会计任务提供智能解决方案。这些算法能够从带有特征和标签的大量历史数据中学习，从而自主地发现可用于会计场景的规则或算法。例如，在预测企业收益、优化成本控制、识别异常交易等方面，机器学习引擎都能够提供精准、高效的解决方案。机器学习引擎的应用减少了人工操作的复杂性和误差率，同时提高了决策质量和工作效率。这在很大程度上改变了传统会计工作的运行模式，使其从侧重于人工处理和决策转变为侧重于算法和数据驱动。例如，通过对历史交易数据的学习，机器学习引擎可以自动生成用于检测可能的财务欺诈的规则，从而提高财务审计的准确性和效率。

（5）分布式账簿引擎。分布式账簿引擎在会计智能化的构建中具有不可忽视的作用，特别是在实现财务数据的去中心化和一致性方面。该引擎运用区块链技术，在业务系统与财务系统的底层建立统一底账，在每笔交易发生时进行平行记账。这样不仅能确保数据的一致性，还能实现去中心化，降低单点故障的风险。分布式账簿引擎提供了更高级别的数据安全和透明度。例如，在内部往来核对、关联交易核对以及业财一致性核对等方面，该引擎能够提供强有力的技术支持，极大地提高了这些复杂业务问题处理的准确性和时效性。此外，分布式账簿引擎有助于增强财务审计的可追溯性和不可篡改性，因为每一笔交易都会被加密并链接到前一个交易，形成一个不可更改的交易链。这种机制极大地增强了财务数据的信任度和可靠性，也为会计信息的真实性和完整性提供了有力的技术保证。这一点对于需要高度信任和透明的会计活动尤其重要。

### （三）完善会计组织架构

完善会计组织架构在推动企业会计智能化建设中起着至关重要的作用。由于会计工作涉及财务数据的生成、处理、分析与报告，因此必须确保组织架构能有效支持这些活动。具体来说，高级管理层需要明确地界定会计部门的角色和责任，与其他部门（如运营、市场、人力资源等）建立起协同工作的机制，以确保数据准确性和流程效率。在人力资源配置上，根据业务需求和规模，可能需要设置多个专门负责不同业务或职能的小组，如负责日常账务的团队、负责财务规划与分析的团队以及负责内部审计和合规性的团队等。

### （四）加强会计智能化的内部控制

完善的内部控制可以有效减轻由于内部人员道德风险、系统资源风险带来的危害。在会计智能化环境中，所有的会计信息都以电子数据形式集中存储在计算机数据库系统中，会计系统很有可能遭受非法访问甚至黑客或病毒的侵扰。而系统一旦遭到破坏，就会导致大量问题的出现。为了避免侵害带来的损失，企业应该建立健全内部安全控制管理制度，包括安全保密制度、会计智能化岗位责任制度、日常操作管理制度、系统维护制度和会计档案管理制度等。

# 第三章 企业会计智能化的技术支持

在当前的经济环境中，企业面临着诸多复杂和多变的挑战，为了在激烈的市场竞争中脱颖而出，企业需要依托先进的信息技术手段，实现会计管理的智能化。本章旨在深入探讨企业会计智能化的技术支持，从而为企业决策提供精准、高效的数据基础。

## 第一节 大数据技术

### 一、认识大数据

#### （一）大数据的概念

大数据是指在一定时间范围内使用常规软件工具无法被捕捉、管理和处理的数据集合，是需要通过新处理模式才能具有更强的决策力、洞察发现力和流程优化能力的海量、高增长率和多样化的信息资产。

#### （二）大数据的特征

大数据有哪些特征？目前大家比较认同大数据的"4V"特征说法，即数据量（volume）大、数据类型（variety）多、处理速度（velocity）

快和价值密度（value）低，如图3-1所示。

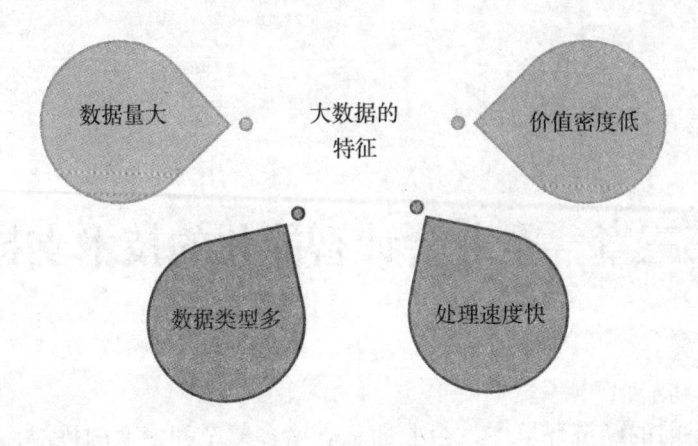

图3-1 大数据的特征

### 1. 数据量大

数据量大是大数据显著的特征之一，这也是"大"数据名字的来源。在传统的数据处理系统中，数据通常量级相对较小，容易被存储和分析。然而，现代企业每天都会生成海量的数据，这些数据源自不同的渠道，包括但不限于社交媒体活动、客户交易、机器日志和传感器输出。海量数据为人们提供了前所未有的分析和挖掘数据的机会，使人们可以从中发现隐藏的模式、关联和趋势，从而获得有价值的信息和知识。但与此同时，这也对数据的存储、处理、分析、管理等提出了新的挑战。

### 2. 数据类型多

数据类型多是大数据的另一个重要特征。在过去，数据大多是结构化的，储存在数据库的表和行中，易于查询和分析。这些数据通常由预定的模式或格式定义，如客户信息、销售交易等。但大数据环境打破了这一局限，引入了更丰富、更复杂的数据类型，包括半结构化和非结构化数据。半结构化数据，如XML文档或JSON对象，具有一定的组织架构，但不如结构化数据规范。非结构化数据，如文本、图像和视频，则需要更复杂的方法进行处理和分析。数据类型多给数据分析和数据挖掘带来了更高的复杂性，也提供了更丰富的信息和更多维度的视角。

3. 处理速度快

处理速度快是大数据的另一个特点，这也是其与传统数据处理方式的一个重要区别。在今天的商业环境中，数据量的增长是指数级的，数据的生成和传输速度也随之增加。这就要求数据处理和分析的速度必须迅速以适应这种变化，特别是在需要实时决策的场合。例如，在金融交易、网络安全监控或者社交媒体舆情分析中，即时分析大规模数据并做出相应决策是至关重要的。高速数据处理也意味着企业能更快地从数据中提取有价值的信息，更快地做出决策，从而在竞争激烈的市场中占得先机。这种速度优势不仅来自硬件的提升，也得益于并行计算、内存数据库和其他先进算法的应用。

4. 价值密度低

尽管数据量大，但并非所有数据都含有对企业有用的信息或知识。这种现象通常被称为"数据富集但信息贫乏"，意味着在数据海洋中，实际上对决策有直接影响的有价值数据可能仅占一小部分。因此，企业需要投入更多的时间和资源来进行数据清洗、预处理和分析，以便从中提炼出有用的信息。这也对数据分析工具和算法提出了更高的要求，不仅要能快速处理大量数据，还要能准确识别并提取出有价值的数据。因此，大数据应用在商业决策中时需要配合高级的数据分析方法和技术，如机器学习、数据挖掘等，以提高数据的价值密度，从而更有效地支持企业决策。

## 二、大数据架构

大数据一般采用四层堆栈式技术架构来处理，包括基础层、管理层、分析层和应用层，如图 3-2 所示。这四层相互配合，构建起一个完整的大数据处理和应用体系,使得数据能够被高效地管理、分析和应用,从而实现更好的决策和价值创造。

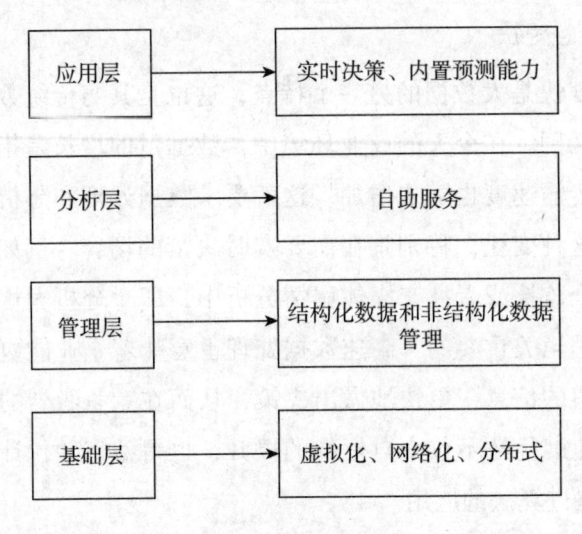

```
应用层  →  实时决策、内置预测能力

分析层  →  自助服务

管理层  →  结构化数据和非结构化数据管理

基础层  →  虚拟化、网络化、分布式
```

图 3-2 大数据架构

## (一) 基础层

基础层是大数据四层堆栈式技术架构中最底层的组成部分,也是其他三层的基础。该层主要负责数据的存储和处理,通常包括分布式文件系统、数据库以及存储硬件等。分布式文件系统,如 Hadoop 的 HDFS,是基础层的一个关键组件,它能够支持海量数据的存储和管理。此外,基础层还涉及数据的负载均衡和并行处理,以确保数据能够高效、稳定地存储和访问。硬件资源通常包括多个服务器节点,它们通过高速网络连接在一起,形成一个大规模的存储和计算集群。在这个层面,数据的安全性和可靠性也至关重要,因此通常会采用多副本策略和故障转移机制以防数据丢失或损坏。这一层不仅为大数据的存储和处理提供了硬件和软件支持,而且是整个大数据架构高效运作的关键。

## (二)管理层

管理层处于基础层之上,主要负责数据的组织、治理和维护。这一层通常涵盖数据的元数据管理、数据质量检验、数据脱敏和数据权限设置等多个方面。元数据管理涉及对数据的描述信息的管理,以便更容易地搜索和索引数据。数据质量检验则确保存储在基础层的数据达到一定的准确性和完整性。通过数据脱敏,敏感信息被处理以保护数据安全。数据权限设置则规定哪些用户或系统有权访问或修改数据。除了这些,管理层还包括数据的备份和恢复机制,以防数据丢失或损坏。该层还可能涉及数据生命周期管理,即从数据生成到数据被删除的整个过程中,如何有效地管理和利用数据。

## (三)分析层

分析层位于管理层之上,专注于数据的解读和利用。这一层主要运用各种数据分析工具和算法,从海量、多样和快速变化的数据中提炼出有用的信息和洞见。分析工具通常包括统计分析、预测模型、机器学习算法和人工智能等。这些工具和算法能够处理不同类型和规模的数据,从而实现从简单的数据查询和报告生成到复杂的预测和推理。这一层也可能包括实时分析,即在数据生成或收集的同时进行分析,以便快速做出决策或响应。分析层通常需要与管理层紧密配合,以确保数据的质量和准确性。同时,分析结果通常会反馈给管理层,以进一步优化数据的存储和处理。简而言之,分析层的主要任务是将原始数据转化为可用于决策或操作的有用信息,它是大数据价值实现的关键环节。

## (四)应用层

应用层位于大数据架构的最顶层,是大数据价值实现的最终阶段。该层直接面向终端用户,包括企业决策者、分析师和其他相关人员。在这一层,通过分析层提炼出的有用信息和意见被转化为具体的业务应用和解决方案。这可能包括但不限于市场趋势预测、客户行为分析、供应链优化和风险管理。应用层也通常提供各种交互界面和可视化工具，如仪表盘和报告，以更直观地呈现分析结果，帮助用户更容易地理解和利用数据。在这种环境下，不仅数据科学家和分析师，甚至没有技术背景的业务人员也能通过直观的界面快速获取所需信息。应用层的成功运作需要与分析层、管理层和基础层紧密协作，确保数据流的高效和准确，从而实现数据到决策的快速转化。

### 三、大数据的关键技术

#### （一）大数据处理技术

大数据处理技术是大数据生态系统中至关重要的一环，负责数据的收集、存储、预处理。这些技术通常基于分布式计算框架，如 Hadoop 和 Spark，以确保海量数据能够快速、高效地被处理和分析。Hadoop 的 MapReduce 编程模型特别适用于大规模数据集的并行处理，而 Spark 通过内存计算提供更高的处理速度。在数据收集方面，实时数据流处理工具如 Kafka 和 Flume 被广泛用于从各种源接收数据，并将其输送到数据存储或分析平台。NoSQL 数据库如 MongoDB 和 Cassandra，以及列式存储系统如 HBase，为大数据的高速读写和灵活的数据模型提供了支持。数据预处理包括数据清洗、转换和集成，这是构建高质量数据集的关键步骤，通常使用数据清洗工具和 ETL（提取、转换、加载）解决方案来执行。这些技术共同构成了一个全面的大数据处理体系，使得从原始数据到可用信息的转换成为可能。特别值得一提的是，容器化和微服务架构也逐渐在大数据处理中展现其重要性，它们提供了更灵活、可扩展的计算环境。

## （二）大数据查询技术

大数据查询技术主要负责从庞大的数据集中快速、准确地检索出所需信息。传统的 SQL 数据库因其固定的数据结构和有限的并行处理能力，在处理大数据查询方面显得力不从心。因此，一系列专门为大数据设计的查询技术和语言应运而生。例如，Hive 提供了一种类似 SQL 的查询语言 HiveQL，使得拥有 SQL 背景的用户可以轻松地查询 Hadoop 存储中的数据。Impala 和 Presto 等内存计算引擎则用于执行实时或接近实时的数据查询，满足了对低延迟数据访问的需求。对于文档存储，NoSQL 数据库通常提供自己的查询 API 或 DSL（领域特定语言）来进行数据检索。此外，Elasticsearch 等搜索引擎也被广泛应用于大数据查询，特别是在需要全文检索或模糊匹配的场景中。这些查询技术通常具有高度的分布式计算能力，能在多节点环境中并行执行查询任务，从而显著提高了查询速度和效率。因此，选择合适的大数据查询技术是实现高性能数据分析的关键。

## （三）大数据分析技术

大数据分析技术聚焦于从海量数据中提取有价值的信息和意见。在存储和查询解决方案成熟的基础上，数据分析显得尤为关键。MapReduce 算法通过对大数据进行分片和并行处理，解决了数据规模太大以至于难以在单一计算机上处理的问题。机器学习库如 Scikit-learn 和 TensorFlow，以及数据挖掘工具如 R 语言和 Python 语言的 Pandas 库，都是用于分析和解释大数据的常用工具。这些工具和库支持一系列数据分析任务，包括但不限于分类、聚类、回归分析、时间序列分析等。文本分析、情感分析和网络分析等高级数据分析形式也在不断发展，用于从非结构化数据中提取有用信息。由于大数据的多样性和复杂性，经常需要多种分析技术组合使用以满足特定分析目标。这些技术通常高度可扩展，可以在多个服务器或者在云环境中进行分布式计算，从而有效地处理大规模数据集。

### (四) 数据可视化技术

数据可视化技术在大数据环境中占有不可或缺的地位，是一种将复杂数据集转化为更易于理解和解释的图形或图像的手段。工具如 Tableau、Power BI 和开源库如 D3.js 允许用户通过直观的图形界面来理解数据的结构、模式和趋势。数据可视化不仅包括基础的图表和图形，如柱状图和饼图，还拓展到更为复杂的地理空间图、热图、雷达图和三维模型等。通过交互式的仪表板，用户能够对大数据进行实时查询和分析，甚至在一个多维数据空间中进行导航。在大数据分析的后处理阶段，数据可视化能够有效地对分析结果进行解释和展示，使非专业用户也能快速捕获数据背后的含义和价值。

## 四、大数据在企业会计智能化发展中的应用

传统的会计工作很大程度上依赖于人工处理和分析数据，这不仅效率低下，而且容易出错。而今，大数据为会计工作提供了强大的分析工具，使得数据处理更加迅速、准确，同时揭示了许多以前难以觉察的深层信息。从预测与预算制定、审计自动化与风险评估，再到会计欺诈检测、税务规划，大数据的应用都在不断推动会计工作向更高的智能化和精准化方向发展。

### (一) 会计预测与预算制定

在大数据的支持下，会计预测与预算制定已经迈入了一个全新的时代。首先，通过深入挖掘过去的营业额、费用和季节性变动等历史数据，企业不仅能对即将到来的季度或年度有一个基本的预测，还可以根据这些趋势为未来制定更具策略性的目标。例如，如果历史数据显示某一季度的销售额总是下滑，企业就可以在制定预算时为这个季度预留更多的

市场推广费用，以期逆转这一趋势。大数据技术使得企业能够实时捕捉到外部环境的微小变化。这些外部因素，如宏观经济数据、货币政策、国际贸易动态以及行业内的新技术和创新，都可能对企业的财务状况产生重大影响。以前，这些因素往往是通过月度或季度报告来获取，但现在，企业可以利用大数据技术实时获取和分析这些数据，从而迅速调整其预算和策略，以适应外部环境的变化。借助先进的数据分析工具，企业还可以模拟不同的财务场景，以预测各种不同情况下的财务结果。这种所谓的"情境分析"可以帮助企业提前预见到潜在的风险和机会，从而做出更加明智和及时的决策。

### （二）审计自动化与风险评估

审计自动化与风险评估在大数据背景下得到了重大革新。一般情况下，审计师需要投入大量的时间和资源，对数以万计的交易记录进行逐一检查，这样的过程不仅效率低下，而且很容易遗漏潜在的问题。而现在，借助大数据的分析工具，审计师几乎可以实时地筛查所有的交易，利用算法自动识别异常模式，迅速定位到可能存在问题的区域，大大提高了审计的速度和准确性。此外，大数据还为审计师提供了前所未有的洞察力。通过综合分析公司内部的财务数据、运营数据以及外部的市场数据和行业趋势，审计师可以更为全面和深入地了解公司的运营状况和风险水平。例如，如果一个企业在某个季度的销售额出现了异常的增长，而同期的行业数据并没有显示出类似的趋势，那么这可能是一个风险信号，需要审计师进行进一步的深入调查。更值得一提的是，随着大数据技术的发展，大数据审计工具的预测能力也在不断提升。这些工具可以根据历史数据自动学习和识别出新的异常模式，使得审计师在面对未知和复杂的风险时，也能够更为迅速和准确地做出判断。

## （三）会计欺诈检测

会计欺诈检测是企业内部控制的核心部分，而大数据技术为这一任务提供了强大的武器。传统的检测方法通常依赖人工审查和简单的规则设置，这样的方法在面对复杂的欺诈手段时很容易被绕过。而大数据技术则允许企业在几乎实时的情境下对每一笔交易进行深入的、多维度的分析。结合机器学习，这种分析不仅可以识别已知的欺诈模式，还可以自动学习和发现新的以及之前未被注意到的异常模式。这是因为机器学习算法会不断地从新数据中学习，逐步完善自己的预测模型。例如，如果某个员工在短时间内频繁地进行大额交易，而这与其职责和历史行为都不符，那么系统就会自动标记这些交易并向相关部门发出警报。大数据技术不仅提高了会计欺诈检测的准确性，还大大降低了漏检的风险，为企业的财务健康和声誉提供了有力的保障。

## （四）合理税务规划

在税务规划方面，大数据已经成为会计和金融专家不可或缺的工具。其一，大数据能够处理和分析庞大的数据量，这对于跨国公司来说尤其重要，通过对这些复杂的税务数据进行深入分析，企业可以更准确地了解其全球税务负担的具体构成。其二，通过大数据分析，企业可以更有效地找到税收优化的策略。例如，某些地区可能提供了对于研发或者制造业的税收优惠政策，而企业正好在这些领域有投资意向。在获取这些信息后，企业可以考虑将其研发或生产基地迁移到这些地区，从而享受税收优惠。其三，大数据可以帮助企业预测未来的税务政策变化。基于过去的数据和当前的经济状况，分析工具可以为企业提供关于税率可能的变化趋势的预测，因此企业可以提前进行策略调整，以适应这些变化。其四，对于税务合规性来说，大数据也起到了关键的作用。税务法规通常都非常复杂，而大数据分析可以帮助企业自动检测可能的合规性问题，从而避免因忽视或误解法规而带来的高额罚款或其他法律风险。

大数据在企业会计智能化中有着广泛且深远的应用。它不仅提高了会计工作的效率和准确性，还为企业提供了更多的战略决策信息。目前，大数据已经成为企业会计发展不可或缺的一部分，极大地推动了会计行业的现代化和智能化进程。

## 第二节　云计算技术

### 一、认识云计算

#### （一）云计算的概念

云计算是一种通过互联网提供可扩展的计算资源和服务的模式。它使用户能够通过网络（通常是互联网）访问和使用存储在远程数据中心的硬件和软件资源。这种资源按需提供，无须购买和维护专用硬件或软件。简而言之，云计算将计算能力、存储空间、网络和各种应用软件服务集成到一个远程的、统一的系统中，用户可以根据需求灵活地获取和配置这些资源。云计算的目标是通过集中式的资源管理和分布式的资源使用，实现更高效、可靠和经济的计算服务。它旨在通过简化基础设施的管理和维护降低成本，同时提供快速、灵活的计算解决方案。通过这种方式，云计算能够满足多种业务需求，包括数据分析、应用托管、数据存储和备份等，是一种对企业尤为有用的技术。

#### （二）云计算的类型

按照是否公开发布服务，可将云计算分为公有云、私有云、混合云三类。

### 1. 公有云

公有云是一种云计算服务模型,其中第三方提供商提供计算资源和服务,并通过互联网对公众或多个组织开放。这种类型的云通常托管在供应商的数据中心,提供一组标准化的计算资源,如处理能力、存储和网络带宽,用户可以按需购买。公有云的主要优点包括成本效益、弹性和可扩展性。因为资源是在多个用户之间共享的,所以能实现规模经济,降低单个用户的成本。公有云通常适用于需要快速部署和扩展的场景,也适用于无须严格数据安全保障的应用。然而,由于资源是共享的,数据安全和合规性可能成为潜在问题。因此,公有云更适合用于非敏感、非关键性业务和开发测试环境。通过使用公有云,组织可以避免硬件和软件的前期投资与维护成本,同时受益于供应商提供的专业级别的运维和安全性。

### 2. 私有云

私有云是专为特定企业或组织设计的云计算环境,提供专用的计算资源和服务。与公有云不同,私有云通常托管在企业或组织自己的数据中心或者由第三方托管,但是资源不与其他企业或组织共享。私有云的主要优点是提供更高级别的安全性和数据隐私,因为所有的计算资源都是内部使用,不通过公共网络传输。这使得私有云特别适用于需要严格遵守数据安全和合规性要求的组织。由于资源不需要与其他用户共享,组织可以更灵活地自定义其资源和应用,以满足特定业务需求。私有云也更容易实现与现有 IT 基础设施的集成。私有云的缺点包括较高的建设和维护成本,以及可能需要专门的内部团队来管理和维护这些系统。

### 3. 混合云

混合云是一种综合了公有云和私有云特点的云计算环境,允许数据和应用程序在两者之间自由流动和交互。这种模式提供了更多的部署选项,允许组织根据不同业务需求来选择最适合的云服务和配置。例如,敏感数据可以存储在私有云中以确保安全性和合规性，而不太敏感的数据和应用程序可以部署在成本更低、可扩展性更好的公有云中。这样一来，组织能够更灵活地管理资源，同时降低运营成本。混合云还有助于企业或组织实现数字化转型，因为它能更好地平衡性能、成本和安全性。这些优点让混合云成为各行业的理想选择，特别是对于那些有多样化计算需求和对数据安全有特殊要求的组织。然而，混合云的管理和维护需要更高级别的专业知识，因为需要同时管理多个云环境和确保数据在不同平台之间的一致性。

### （三）云计算的特征

#### 1. 虚拟化

虚拟化是云计算的核心特性之一，它允许物理硬件资源如服务器、存储和网络设备被抽象化并模拟为虚拟环境。这种转化使得硬件的物理属性变得透明，从而可以灵活地分配给不同的应用和服务。这不仅实现了硬件使用效率的极大提升，还为高度集中和集约的资源管理提供了可能。通过虚拟化，还可以轻松创建、删除或迁移虚拟机，实现应用环境的快速配置和部署。这不仅减少了硬件成本，还提高了运维效率，使得资源按需分配成为可能。

#### 2. 弹性服务

弹性服务是云计算中不可或缺的特性，允许资源根据实际需求进行自动扩展或缩减。也就是说，无论是处理能力、存储空间还是网络带宽，都可以实时调整以适应不断变化的工作负载。例如，在访问量激增的情况下，系统能自动增加更多的服务器资源来应对压力；而在需求减少时，相应的资源也能自动回收，从而节约成本。这种自适应的资源管理方式大大提高了运行效率和响应速度，同时减少了因资源浪费而造成的额外成本。对于企业来说，弹性服务不仅减轻了运维团队的工作压力，也避免了因不能及时响应业务需求而带来的潜在损失。因此，弹性服务在云计算模型中扮演着至关重要的角色，它能确保资源的高效利用，同时提供了一种高度可靠和可用的运行环境。

3. 泛在接入

泛在接入是云计算不可或缺的一个特性，确保用户能够在任何时间、任何地点，通过任何联网设备访问存储在云中的数据和应用。这一点对于全球分布的团队和远程工作环境具有特别的价值。通过互联网，用户可以轻易地获取文件、运行应用和执行各种任务，无须担心地理位置或时间限制。泛在接入促进了多设备、多平台的整合，使得不同操作系统和硬件可以无缝协同工作。对于现代企业来说，这样的接入性不仅提高了工作效率，也增强了业务灵活性。例如，在紧急情况或突发事件中，员工可以迅速响应，无须身处办公室。

4. 高可靠性

云计算的高可靠性体现在其经过精心设计的冗余策略和容错机制。数据多副本容错是云计算中的一个核心机制，意味着用户的数据不仅是保存在一个物理位置，而是存放在多个独立的服务器或数据中心上，确保当某一节点出现故障时，数据仍然可以从其他节点被安全访问。此外，计算结点同构的设计理念使得每个节点都能够替代其他节点，确保服务的持续性和高可用性。这种设计哲学对于确保服务的连续性至关重要，特别是在面对硬件故障、网络问题或其他不可预见的中断时。因此，对于大多数企业和个人用户而言，云计算提供的服务比传统的单一本地计算机系统具有更高的可靠性和稳定性，能够使用户更有信心地将关键数据和应用托管在云环境中。

## 二、云计算的结构及核心技术

### （一）云计算的结构

云计算技术层次结构分为物理资源层、资源虚拟化层、管理中间件层和面向服务的体系结构（SOA）构建层四层，如图 3-3 所示。

| SOA构建层 | | | | |
|---|---|---|---|---|
| 服务接口 | 服务注册 | 服务查找 | 服务访问 | 服务工作流 |

| 管理中间件层 | | | | | | |
|---|---|---|---|---|---|---|
| 用户管理 | 用户身份管理 | 用户许可 | 用户请求管理 | 使用计费 | 安全管理 | 身份认证 |
| 影像管理 | 影像创建 | 影像部署 | 影像库管理 | 影像生命周期管理 | | 访问授权 |
| | | | | | | 综合防护 |
| 资源管理 | 负载均衡 | 故障检测 | 故障恢复 | 监视统计 | | 安全审计 |

| 资源虚拟化层 | 计算资源池 | 存储资源池 | 网络资源池 | 数据资源池 |
|---|---|---|---|---|

| 物理资源层 | 计算机 | 存储器 | 网络设备 | 数据库和软件 |
|---|---|---|---|---|

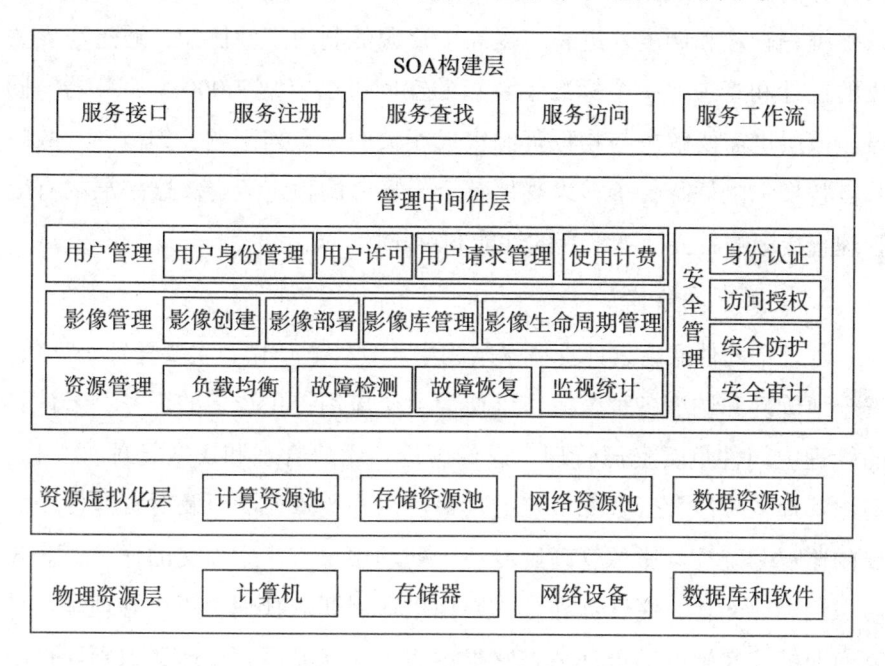

图 3-3　云计算技术的层次结构

1. 物理资源层

物理资源层是云计算技术层次结构的基础，它涵盖所有必需的硬件和软件资源，包括计算机、存储器、网络设备以及数据库和软件。这一层主要负责提供计算能力、数据存储和网络通信功能。计算机负责处理和运行应用程序，存储器则用于数据的保存和备份，网络设备如交换机和路由器负责数据的传输和通信，数据库和软件则是运行各种应用和服务的基础。在物理资源层，所有这些组件都被配置和优化以支持更高层的虚拟化和服务操作，这一层的稳健性和可靠性直接影响到云计算服务的整体性能和安全性。

2. 资源虚拟化层

资源虚拟化层主要负责将物理资源抽象化并整合成统一的资源池，

如计算资源池和数据资源池。这一层使得大量相同或类似的物理资源可以被统一管理和调度，进一步提高了资源的利用率。例如，通过高度集成的设计和管理，一个标准集装箱的空间可以容纳2 000个服务器。同时，该层也需要解决与物理资源集成相关的一系列问题，如散热、故障节点替换和能耗降低等，以确保整个云环境的稳定运行。这一层的有效管理直接影响着云计算平台的性能和可靠性。

3. 管理中间件层

管理中间件层在云计算体系结构中起到核心作用，主要任务是高效、安全地管理和调度各种资源，以便为上层应用提供稳定的服务。云计算的管理中间件负责资源管理、影像管理、用户管理和安全管理等工作。资源管理主要涉及云资源节点的均衡使用、故障检测以及对资源使用状况的监视和统计。影像管理则专注于处理用户或应用提交的任务，涵盖影像创建、部署、库管理和整个影像生命周期的管理。用户管理是云计算商业模式实施的关键环节，它提供用户交互界面，管理和识别用户身份，创建用户程序的执行环境，并进行用户使用的计费。安全管理则是全面保障云计算设施安全的关键，包括身份认证、访问授权、综合防护和安全审计。这一层的综合管理能力直接影响到云服务的质量、安全和用户体验。

4.SOA 构建层

SOA 构建层在云计算架构中负责将云资源和能力封装成标准的 Web 服务，从而实现灵活、可复用的服务组件。这一层主要涉及服务注册、查找和访问等核心功能。通过 SOA 体系，这些 Web 服务不仅可以被有效管理，还能按需被其他应用和服务调用，实现了资源的最大化利用和业务逻辑的快速迭代。因此，SOA 构建层不仅增加了云计算的灵活性和可扩展性，也提供了一种有效的方式来组织和管理复杂的资源和应用，从而提升了整体的业务效率和响应速度。

## （二）云计算的核心技术

云计算的核心技术主要包括六个方面，分别是虚拟化技术、分布式数据存储技术、大规模数据管理技术、编程模式技术、信息安全技术和云计算平台管理技术。

### 1. 虚拟化技术

虚拟化技术在云计算中起到关键的作用，为基础架构层面提供强有力的支撑。这项技术允许一个物理服务器上运行多个独立、隔离的虚拟机，每个虚拟机都有各自的操作系统和应用程序。这样做不仅提高了硬件资源的使用效率，还降低了数据中心的总体成本。更重要的是，虚拟化技术通过动态迁移、负载均衡等功能，能够使资源分配更加灵活，应对各种运算需求。这些优势使得虚拟化成为ICT服务快速转向云计算的主要驱动力，为各类企业和组织带来了显著的经济和操作效益。所以，虚拟化不仅是云计算领域的重要核心技术，也是推动现代ICT服务创新和效率提升的关键因素。

### 2. 分布式数据存储技术

分布式数据存储技术具有将海量数据分散存储在多个物理设备上的能力，解决了单一硬件设备存储量和处理速度的局限性。这种方式不仅增加了数据冗余，提高了数据的可用性和稳定性，而且具有优越的扩展性。随着数据规模的增长，可以通过添加更多的存储节点来轻易地扩展存储容量。这种高度的可扩展性使得企业能够快速适应不断变化的业务需求。分布式数据存储技术支持多节点并行处理，从而显著提高了数据查询和分析的速度，这一点在处理大规模数据分析，特别是在实时分析方面具有明显优势。

### 3. 大规模数据管理技术

大规模数据管理技术在云计算中起到至关重要的作用，因为数据量经常以TB、PB甚至EB的规模存在。这需要高度优化的数据库系统和数据处理算法来确保数据可以被有效地存储、检索和分析。采用诸如 Hadoop 和 Spark 的大数据框架，以及 NoSQL 数据库如 MongoDB 和 Cassandra，能够确保大规模数据的高效管理。这些技术不仅支持海量数据的存储，还能进行复杂的数据分析和挖掘，可满足各种业务需求。

4. 编程模式技术

编程模式技术主要关注如何最有效地利用云计算的计算资源。为了实现高性能和可伸缩性，选择正确的编程模型是至关重要的。例如，MapReduce 编程模型在大规模数据处理方面具有优势，而事件驱动编程则更适用于需要快速响应的应用。编程模型必须支持分布式计算，以便将任务分散到多个计算节点上，从而加快处理速度和提高效率。这样做不仅优化了资源使用，还提供了一种高效、灵活和快速响应的方式来满足终端用户的需求。

5. 信息安全技术

在云计算体系中，安全涉及很多层面，包括网络安全、服务器安全、软件安全、系统安全等。网络安全措施，如防火墙和入侵检测系统，用于阻止非法访问和数据泄露。服务器和系统安全通过各种加密技术和身份验证机制来保护存储的数据。软件安全则涉及应用程序的安全编码 practices，以防止诸如 SQL 注入或跨站脚本（XSS）等攻击。安全信息和事件管理（SIEM）系统用于实时监控和响应安全事件，从而实现整体的安全管理。

6. 云计算平台管理技术

云计算平台管理技术是实现高效运营的关键。这包括资源调度算法，用于合理分配计算、存储和网络资源，确保各个服务按需获得所需的资源。故障检测和恢复机制也非常重要，能够快速定位问题并将其修复，以最小化对业务的影响。自动化和智能化手段，如自动扩展和负载均衡，用于动态调整资源，以满足不断变化的需求。这样可以确保云计算平台在大规模和复杂的环境中可靠、高效地运行。

### 三、云计算技术在企业会计智能化发展中的应用

随着技术的进步，云计算已深入渗透到企业的各个方面，会计领域也不例外。作为企业核心的财务管理逐渐与云计算结合，推动了会计工作的高效、安全和创新。不仅如此，云计算技术还为会计人员提供了先进的工具，助力解决传统会计面临的各种挑战。从实时财务分析与预测、自动化报告和专业培训到分布式会计团队的协同工作、会计培训与资源共享，云计算的应用都在改变和优化会计工作的本质和流程，引领会计行业走向更为智能化和全球化的未来。

#### （一）实时财务分析与预测

随着云计算技术的应用，进行实时财务分析与预测已成为企业的新常态。传统的财务分析经常受制于数据延迟和处理时间，而云计算提供了一个集中的数据处理中心，确保数据在多个端点间快速流动并即时更新。这使得财务分析师可以基于最新的交易数据和市场信息，迅速生成深入的财务报告和洞察。更为重要的是，基于云技术的高性能计算能力，企业可以运行复杂的预测模型，对未来的财务状况和市场趋势进行准确预测。这种实时性不仅加速了决策过程，还提高了决策的准确性和可靠性，使企业更有信心面对未来的经济挑战和机遇。

#### （二）自动化的税务与合规报告

随着云计算技术在会计领域的广泛应用，税务和合规报告的自动化处理已经成为现实。云平台通过集成多种数据源，确保财务数据的完整性和准确性。企业在不同的司法管辖区运营时依旧可以轻松地应对各种税法和合规要求，因为云系统可以定期更新，确保符合最新的法规和政策。这样，企业可以在短时间内生成税务计算和合规报告，减少人为错

误和遗漏。更进一步地，云系统中的预置算法可以帮助会计专家快速识别潜在的税务风险和机会，从而为企业制定更优化的税务策略。在合规方面，自动化工具能够监控企业的所有财务活动，确保其始终符合相关法律和行业规范。如果出现任何偏差或问题，系统会立即发出警报，使企业能够迅速采取措施，避免潜在的法律纠纷或罚款。

### （三）分布式会计团队的协同工作

随着全球化和远程工作模式的兴起，分布式会计团队成了一种趋势。云计算技术在此背景下展现了其巨大价值，为地理位置分散的会计团队提供了强大的协同工作平台。通过云端系统，团队成员可以随时随地访问必要的财务数据和工具，确保信息同步且准确无误。数据的实时更新和共享消除了多地操作导致的数据冗余或不一致问题，极大地提高了团队的效率。通过云端协作工具，团队成员可以方便地进行实时沟通和文件共享，加速审批流程，确保任务迅速完成。与此同时，高级权限管理和加密技术可确保数据安全，防止未经授权的访问。这种基于云计算的协同工作方式不仅提升了分布式会计团队的工作效率，还增强了团队之间的沟通与合作，为企业带来了更加灵活和高效的会计服务。

### （四）会计培训与资源共享

随着会计行业的发展和变革，持续的培训和专业发展变得尤为重要。云计算技术为此提供了强大的支持。通过云端平台，会计专家和初学者可以轻松访问各种培训材料、案例研究和最新的行业动态。这不但使得学习和研究变得更为便捷，还能确保知识内容的及时更新和扩展。对于企业，云平台提供的在线培训工具和课程可帮助员工不断提升专业技能，保持与行业标准和最佳实践的同步。基于云的协作工具也促进了资源的共享和知识的传递。团队成员可以实时分享最佳实践、解决方案或挑战，从而加速问题解决的过程。值得注意的是，云计算技术打破了地域和时间的限制，使得全球范围内的会计专家可以共同参与讨论、研讨会和网络研讨，从而形成一个全球性的专业共同体。这种广泛的资源共享和互动，不仅促进了知识的快速传播和经验的交换，还为会计专业的持续创新和进步提供了有力的驱动力。

## 第三节 区块链技术

### 一、认识区块链

#### （一）区块链的概念

区块链是分布式数据存储、点对点传输、共识机制、加密算法等计算机技术的新型应用模式。区块链在国际汇兑、信用证、股权登记和证券交易所等金融领域有着潜在的应用价值。

#### （二）区块链的特征

区块链的特征如图 3-4 所示。

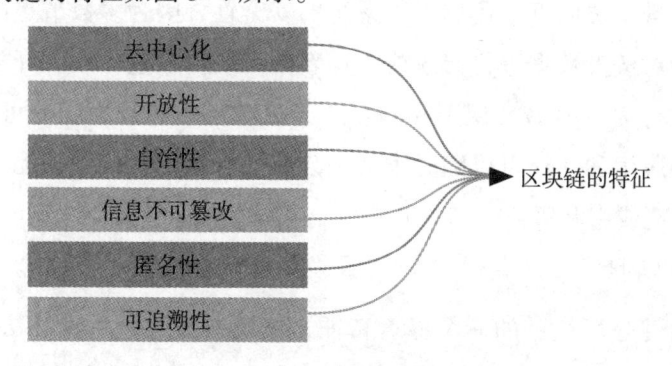

```
去中心化 ┐
开放性   │
自治性   ├─→ 区块链的特征
信息不可篡改 │
匿名性   │
可追溯性 ┘
```

图 3-4 区块链的特征

### 1. 去中心化

区块链的去中心化特征由其独特的点对点网状结构和分布式记录方式体现。这种架构中没有第三方中介或中心管制机构,所有节点在权利和义务上是平等的。这种平等性确保数据信息在各个节点之间可以自我验证、传递和管理,而不依赖于中心化的权威。因为系统中的数据块由整个网络中具有维护功能的节点共同维护,并在每个节点之间互为备份,这大大增加了系统的稳固性和安全可靠性。即使某个节点出现损坏或异常,由于数据在各个节点之间有备份,系统的正常运行不会受到影响。这种去中心化的方式不仅提高了系统的安全性,还增强了透明度和信任,因为每一个操作都可以被网络中的其他节点验证。

### 2. 开放性

区块链的开放性体现在其公开、透明的特点上,使得任何人都能参与网络,并对网络内的交易和数据进行验证。与传统中心化系统相比,区块链提供了一种机制,使得所有参与者都能看到所有在网络内发生的交易,但又能保证个人数据的隐私和安全。这种开放性还体现在其开源的代码基础上,让广大开发者能够参与区块链的维护和开发过程。开放性不仅促进了透明度,还加强了系统的安全性,因为多数节点必须达成共识才能对链上数据进行修改或添加新的区块。在这样一个开放的环境中,恶意行为更容易被识别和制止。开放性还意味着高度的可扩展性,因为新的应用和功能可以随时添加到现有的区块链结构上,无须大规模的系统改造或中断服务。

### 3. 自治性

自治性是区块链的一个显著特征,体现在通过一系列算法和协议,系统内的所有节点能够在没有第三方或中心机构干预的情况下,自主地进行数据交换和验证。基于协商一致的规范,如公开透明的共识算法,使得所有节点在一个去信任的环境中能够自由、安全地交换数据。这种方式减少了对"人"的信任，而更多地依赖于对机器和算法的信任。因此，人为干预或单一实体的操纵变得异常困难。每个节点都有权参与共识过程，也有责任维护和验证区块链上的信息。这种自治性使得区块链在维护数据的真实性、一致性和安全性方面具有自我调节的能力。不仅如此，自治性也促进了快速、低成本的交易处理，因为缺少中间层，可以减少交易时间和成本。最终，这种高度的自治性赋予区块链能力，使其在金融、供应链、身份验证等多个应用场景中展示出强大的潜力。

4. 信息不可篡改

信息不可篡改是区块链的核心特征之一，这种不可变性主要由加密哈希函数和共识算法来实现。每个新生成的区块都包含前一个区块的哈希值，形成了一种区块之间的链接。如果尝试更改旧的区块中的信息，该区块的哈希值就会改变，从而影响所有后续区块，导致数据不一致。因此，任何尝试篡改信息的行为都会立即被系统内的其他节点发现，并且这样的区块不会得到网络的接受。大多数区块链使用多数共识规则，需要网络中大部分节点确认交易的有效性，这进一步增强了数据的不可篡改性。这种强大的安全机制在很多场景中都非常有用，例如，防止金融欺诈、确保供应链的透明度，以及保存关键的法律文件等。

5. 匿名性

尽管区块链交易记录对所有网络参与者开放，但交易的双方通常是通过数字签名和复杂的哈希函数来进行标识的，而非通过容易识别的个人信息如姓名或地址。这种机制提供了一定级别的匿名性，使个体能在不暴露身份的情况下进行交易或数据共享。但这种匿名性并不是绝对的，通过高级的数据分析工具仍然有可能追踪到交易的实际参与者。同时，这一特性也带来了合规和法律挑战，如何在保障匿名性与防止非法活动之间找到平衡点是一个复杂的议题。

### 6. 可追溯性

可追溯性是区块链技术的一大特征，确保所有交易都可以被准确、完整地记录在一个不可篡改的公共账本上。每一笔交易都会与之前的数据块通过加密算法进行链接，形成一个不可篡改的链式结构。因此，任何对历史数据的修改都会影响该数据块及其后续所有数据块的加密信息，这种设计极大地提高了数据的安全性和可靠性。通过这种方式，区块链实现了高度透明和可追溯的数据管理机制，这不仅有助于解决欺诈和错误操作问题，也为合规审计提供了强有力的工具。即使在去中心化的环境下，可追溯性也能有效地维护网络的完整性和透明性。这种不可篡改和可追溯性在会计、供应链、法律和许多其他领域都有广泛的应用前景。

## 二、区块链的核心技术

### （一）分布式账本

分布式账本是指交易记账由分布在不同地方的多个节点共同完成的，而且每一个节点记录的都是完整的账目，因此它们都可以参与监督交易，且具有合法性，同时也可以共同为其做证。

与传统的分布式存储不同，在区块链中，每个节点都按照链式结构存储完整的交易记录，而不是将数据分割成多个部分。所有节点在地位上是等同的，存储的一致性是通过共识机制来维护的，而不是依赖一个中心节点进行数据同步。这种分布式的设计极大地提高了系统的安全性。没有单一的记账节点意味着没有单点故障，从而减少了被攻击或被篡改的风险。在这个系统里，单一记账人被控制或贿赂的可能性几乎被消除，因为每一个交易都需要多数节点的确认才能被添加到账本中。同时，由于所有节点都存有完整的账目记录，理论上，除非所有节点都被同时破坏，否则数据不会丢失，从而确保了整个系统的可靠性和数据的安全性。

## （二）非对称加密和授权技术

区块链的非对称加密技术允许每个用户都有一对密钥：公钥和私钥。其中，公钥用于加密数据，而私钥用于解密数据。这意味着尽管交易信息是公开的，但只有通过相应私钥才能解读特定账户的身份信息。进一步地，授权技术确保只有在数据拥有者明确授权的情况下，其他方才能访问到高度敏感的信息。这样的机制有效地平衡了透明度和隐私的需求，确保了在一个开放的系统中，个人数据和交易安全得到充分保障。这两项技术共同构成了区块链安全性的基础，使其成为一个既透明又安全的数字交易平台。

## （三）共识机制

共识机制就是所有记账节点之间怎样达成共识，去认定一个记录的有效性，这既是认定的手段，又是防止篡改的手段。在这样的机制下，每个记账节点参与验证和记录交易，只有当大多数节点认同一个交易才会将其添加到区块链上，从而确保系统的数据完整性和安全性。区块链有多种共识机制，如工作量证明（PoW）、权益证明（PoS）、拜占庭容错（BFT）等，适用于不同的应用场景。这些共识机制在效率和安全性方面达成了不同程度的平衡。通过精心选择或定制共识机制，区块链能够满足从金融交易到供应链管理等多种应用的特定需求。

## （四）智能合约

智能合约是区块链技术中的一种自动执行协议，以代码形式存储在区块链上。它不仅仅是一份合同文本，更是一个可执行程序，当预定的条件得到满足时，相应的合约条款会被自动执行。这种自动化减少了人为错误和违约的可能性，也降低了执行成本。在商业交易中，智能合约消除了对第三方或中介的需求，因为合约逻辑一旦部署到区块链上就无法更改，确保了各方的利益和承诺得到保障。另外，执行智能合约通常需要支付一定的"燃料"或手续费，这是为了激励网络节点参与验证交易。通过智能合约，各行各业可以实现更高效、更安全的自动化操作，如金融交易、物联网、供应链管理等，它将信任从个人或中介机构转移到了技术和代码，极大地推动了信任经济的发展。

### 三、区块链在企业会计智能化发展中的应用

#### （一）审计追踪

在传统的会计审计环境中，审计员需要手动验证大量的交易记录和账本，依次与原始凭证进行核对，这样不仅效率低下而且容易出错。区块链技术通过其去中心化和不可篡改的特性为审计提供了一个更加便捷和可靠的平台。所有交易一旦被添加到区块链中，就不能被修改或删除，且这些数据都是公开透明的，可以被任何参与方进行验证。这样，审计员可以更容易地跟踪资金流动和交易行为，大大减少了审计的复杂性和工作量。这一切都为确保交易的合法性和准确性提供了强有力的支持，大大提高了整个审计流程的可靠性和效率。

#### （二）财务报告

财务报告是企业财务状况的重要反映，其准确性和可靠性对投资者、管理层和其他利益相关者都至关重要。在传统的财务报告生成过程中，数据容易被篡改或误操作，从而影响报告的准确性。然而，通过区块链技术，财务数据一旦被记录，就会被分布式网络中的多个节点验证，只有得到网络内多数节点的认可后，这些数据才会被永久性地存储下来。因此，区块链技术极大地提高了财务报告的准确性和不可篡改性。不仅如此，由于所有交易数据都是实时的，企业财务报告也能实时更新，为管理决策提供了更加及时和准确的数据支持。这不仅增加了企业内外各方对财务报告的信任度，也大大降低了因财务报告错误或欺诈导致的风险。

## （三）合规和税务

区块链技术由于其透明和不可篡改的特性，为企业会计中的合规和税务管理带来了革命性的改变。在传统的合规和税务环境中，企业通常需要花费大量时间和资源来收集、核对、报送财务数据，而这一过程往往伴随着出错和纠纷的风险。然而，借助区块链技术，所有财务交易和操作都会实时地添加到一个公开、不可篡改的账本中，极大地减少了数据错误和滥用的可能性。这意味着合规检查可以通过自动化的方式来进行，大大降低了合规成本。

## （四）风险管理

在企业会计和财务管理中，准确地跟踪资产和负债是评估和管理风险的关键。传统的手段往往依赖于手动输入和核对，而这些过程存在出错或者操纵数据的风险。区块链技术提供了一种更有效的方式来跟踪资产和负债。每一笔交易都需要网络中的多数节点确认，这增加了数据的准确性和可靠性。此外，所有的财务数据都被加密存储，并且可以实时更新和审计，这不仅提高了数据的安全性，也使得风险评估更为精准。企业可以更容易地识别出潜在的风险因素，如流动性风险、信用风险等，从而更有针对性地进行风险管理和资本配置。

# 第四节 人工智能技术

## 一、认识人工智能

### （一）人工智能的概念

人工智能是一门致力于模拟、扩展和扩充人的智能的科学和工程学科。其核心目标是使机器具备类似人类的认知、感知、推理、学习和自适应能力,从而能解决复杂的问题、进行决策和完成特定任务。与传统编程不同,人工智能不仅仅是执行预定的指令,而是通过算法和模型来理解和解释数据,从而做出推断或者生成新的数据。

人工智能在多个领域有着广泛的应用,它不仅能高效地处理和分析大量数据,还能适应不断变化的环境和需求,显示出较高的灵活性和准确性。随着技术的不断进步,人工智能正逐渐从简单的任务自动化发展到更为复杂的问题解决和创造性思维,拓宽了其在社会、经济和科技方面的影响和应用范围。

### (二)人工智能的分类

根据人工智能是否能真正实现推理、思考和问题解决,可以将人工智能分为弱人工智能和强人工智能。

#### 1. 弱人工智能

弱人工智能主要针对特定任务或问题领域,是具有高度专门化和限制性的智能。这种人工智能没有自我意识、情感或全面的认知能力,仅用于解决特定类型的问题。例如,语音识别系统、图像识别算法或者用于高频交易的算法。这些系统在其设计的特定任务上表现得相当出色,但如果任务或问题领域有所变化,它们通常需要重新设计或调整。因为它们缺乏灵活性和适应性,所以不能进行广泛的推理或适应新任务。

#### 2. 强人工智能

强人工智能则是一种理论性的人工智能形式,目标是创建一个能够执行任何智能任务的系统,这些任务原本需要人类智能来完成。这种人工智能具有自我意识、推理、解决问题、规划、学习、通信和感知环境的能力。与弱人工智能不同,强人工智能能够在多个领域内灵活应用,不需要为每一个新任务重新编程或调整。理论上,强人工智能能够理解、学习和应用人类的情感。然而,尽管科学家和工程师取得了一定的进展,强人工智能目前还处于探索和研究阶段，尚未实现全面的应用。

## 二、人工智能技术体系

现阶段，人工智能涵盖智能感知、数据标签与标注、深度学习、决策与执行、AI能力评价五大关键要素，每个要素均有对应的技术支撑。人工智能主要技术体系简介如下。

### （一）智能感知

智能感知作为人工智能的关键组成部分，充当机器与环境交互的桥梁。通过复杂的传感器技术、计算机视觉和自然语言处理，智能感知不仅使机器能够获取视觉、听觉、触觉等多维度的信息，而且能将这些信息转化为机器可理解和处理的数据。在这种转化基础上，机器能够更准确地识别对象、解读自然语言或者理解环境变化，为更高级的决策与执行提供有力支持。在现实应用中，智能感知广泛应用于自动驾驶、健康监测、智能家居等多个领域。

### （二）数据标签与标注

数据标签与标注是人工智能中不可或缺的数据处理环节。作为机器学习的前置步骤，标签与标注为原始数据提供清晰、结构化的标记，使得算法能更准确地识别和理解这些数据。这一过程通常涉及复杂的数据补全、分类、理解和纠错等工作，并通过研究新的人工智能方法和认知计算架构，以数据驱动与数据引导的方式，建立标准技术与方法体系。数据标签与标注应用范围广泛，从简单的图像识别到复杂的自然语言处理任务，为后续的深度学习和决策执行提供了必要的输入。这也是大规模数据认知、提取和输出服务不可或缺的一环，特别是在面向特定行业应用的数据服务技术中发挥着重要作用。

## （三）深度学习

深度学习是人工智能的核心部分，专注于通过模拟人脑结构来解析和学习数据。这种模拟实现在复杂的神经网络结构中，使得机器能够像人类一样理解和解释图像、声音和文本等多种类型的数据。从机器学习的基础理论到高级的学习方法，以及专门为深度学习设计的硬件芯片和学习计算平台，这一领域不断推动着人工智能的边界。深度学习在自然语言处理、图像识别、语音识别和其他领域有着广泛的应用，正成为支撑现代人工智能发展的关键技术。

## （四）决策与执行

决策与执行是人工智能实现具体应用的关键环节。通过模拟人的思考和行为模式，人工智能可以根据预设的状态信息进行自动决策，并快速执行相应的操作。这一过程经历了从机械到电子，再到数字，最终到软件的多个发展阶段，各阶段都是基于科学原理实现的。这种自动化的、用户友好的决策与执行功能不仅限于单一应用，而是广泛应用于多个行业，如智能制造、智能教育、智能医疗、智能物流、智能农业和公共安全等。这样的广泛应用使得人工智能决策与执行成为连接技术与实际应用的重要桥梁。

## （五）AI能力评价

AI能力评价是对人工智能各主要组成要素，如智能感知、数据标签与标注、深度学习和决策与执行的执行效果和实施过程进行系统性评估的活动。该评价旨在针对这些要素的性能进行持续的检查和反馈，以促使其不断优化和提升。在智能感知环节，评价关注提升机器的类人感知能力，确保信息收集与解析更为准确和高效。对于数据标签与标注，评价的重点在于提升数据处理的智能化水平，确保更高的准确性和效率。在深度学习方面，评价聚焦于高性能计算构架的优化，旨在提高学习模型的准确性和运算速度。而在决策与执行环节，评价通过多样化的场景应用来测试和优化系统的决策逻辑和执行效率。综合这些方面，AI 能力评价形成了一套全面的标准和方法，对推动人工智能技术的不断完善和应用落地起到了至关重要的作用。

### 三、人工智能在会计智能化发展中的应用

人工智能可以对有关会计的管理理论进行模型化处理，再通过运用高科技的信息进行匹配，把数据导入总的信息库或者以信息库的现存数据作为研究对象来分析，然后以最快的速度得到企业的经营报告，形成经营的战略建议。会计领域人工智能技术着重模仿人类的会计操作和判断，同时在业务收入预测、风险控制和管理等方面也有很大的应用空间。目前，在相关研究的科技应用领域，人工智能在会计领域的具体应用有专家系统、模式识别、智能会计信息共享系统、人工神经网络模型四项内容。

#### （一）专家系统

专家系统是一种模仿人类专家解决问题的计算机程序或系统，它通过一套预先编程的"规则"来模拟人类的决策过程。这些规则通常基于专家的知识和经验，用于在给定的情境下进行推理和解决问题。从结构上看，专家系统由信息库、推理机制、解释程序等组成。信息库储存了大量的专业领域知识，而推理机制则用于模拟人类逻辑推理的过程，从而解决问题。

在会计领域，专家系统作为一种高度专业化的程序系统，能够像拥有丰富经验和高度专业素养的会计专家一样，针对会计方面的问题给出快速、准确的解决方案。其核心在于信息库的储备和反应机制，这些信息库包括大量关于财务管理、财务分析、预算控制等方面的知识和经验。推理机制能够基于这些信息进行快速的逻辑推断，通过诊断问题、分析

数据、验证原理等过程，最终形成决策。利用专家系统，会计人员可以更加准确地进行财务预算，从而分析财务数据，并确保财务报告的准确性。系统通过对财务环境、技术和理念的综合应用，帮助会计人员形成更加全面和准确的决策。

从复杂到简单，从抽象到具体，专家系统可以把复杂的会计问题拆分成更简单的子问题，然后通过搜索、分析、归纳和总结，实现问题的有效解决。这种方式不仅提高了决策的准确性，还提高了整体的工作效率。综上所述，专家系统在会计领域具有广泛的应用前景，能大大提升会计工作的效能和可靠性。

## （二）模式识别

模式识别是一种用于识别数据中的特定模式或结构的技术。这个领域集成了统计学、机器学习等多个子学科，旨在从一大堆数据中识别出有用或者重要的信息。通过对物体或现象的表征进行归纳和汇总分析，模式识别能够叙述、分辨、归类和阐述事物或特定现象。其核心方法有很多，如结构法和决策论方法，也逐渐包括基于大数据和复杂数据结构的多元图形基元、特征基元和粗糙集模式识别等。

在会计领域，模式识别的应用多种多样并且具有深远的影响。模式识别能够高效地处理和分析财务数据，以及与财务相关的各种信息，从而实现更精准和高效的财务管理。通过归纳和汇总分析各种会计信息，模式识别能有效地识别企业在不同财务环境下的经营状况和风险。例如：在金融危机影响下，模式识别能够快速地识别出企业财务管理所面临的问题，如流动性风险、信用风险等，并根据这些信息提出相应的解决方案；在运营管理方面，模式识别集中于识别财务的主体行为以及其对财务管理目标的影响，如通过模式识别技术，可以准确地识别出哪些业务线是盈利的、哪些是亏损的，从而有针对性地进行调整；在现金保管和资金筹划方面，模式识别技术可以有效地识别和预测资金的流动性需求，帮助企业更合理地进行资金调配；在企业财务的风险规避和安全层面，通过模式识别，企业能够及时地发现财务数据中的异常波动或者潜在的风险因素，从而及时地采取预防措施，避免或减轻潜在的财务风险。这样不仅保证了企业财务管理的高效运作，也大大提高了企业财产的安全性。

### （三）智能会计信息共享系统

智能会计信息共享系统主要分为会计操作系统和会计信息查询系统，目标是高效、方便地处理和管理会计信息。通过网络技术的整合，这种系统使各部门能够在任何地点和时间通过 Web 浏览器方便、快捷地查询相关会计信息。远离公司的员工也能够随时访问实时财务数据，大大提高了工作效率和信息的可得性。企业的成本也因为这种信息共享而降低，因为信息发布过程变得更为简单和自动化。通过将企业资源规划（ERP）中的会计信息嵌入这个智能系统，不仅加强了会计工作的透明度，也提高了财务数据的准确性和一致性。与传统的会计信息管理系统相比，智能会计信息共享系统更为强大和灵活，能够适应快速变化的商业环境和复杂的财务需求。因此，该系统在提高会计工作效率、降低企业成本以及增加透明度方面具有显著优势。

### （四）人工神经网络模型

人工神经网络模型通过模仿人脑神经系统的大量处理单元以及连接方式组成网络，来达到模拟人类智能和认知能力的目的。这种网络通过不断的学习和案例更新，能够自动优化信息储备库和推理机制，以增加对外部世界的认识和智能管理。

在会计领域，人工神经网络模型的应用既多样又深入，从基础的数据处理和归纳分析，到复杂的财务风险评估和预测，都有其不可或缺的角色。例如：在财务风险预测方面，通过训练神经网络来识别不同类型的风险模式，企业能提前预警可能的财务危机，从而采取相应措施以避免或减轻损失；在财务问题的诊断和分析上，神经网络能快速识别出异常数据和潜在的财务问题，为管理层提供即时而准确的信息，以便快速解决问题；在缴税和财务规划方面，神经网络通过分析历史数据和当前的财务状态，能生成更精确的预测模型，从而协助企业优化税负和改善财务结构；在投资决策如股票价格分析或固定资产投资方面，神经网络能够通过大量历史和实时数据进行深度分析，提供更为精准的投资建议。

# 第四章 智能会计信息系统的构建

本章旨在深入探讨智能会计信息系统的构建,以适应不断变化和日趋复杂的财务环境。在全球经济的大背景下,传统会计信息系统逐渐无法满足现代企业高速、高效的信息处理和决策需求,智能会计信息系统应运而生。本章首先对智能会计信息系统进行了简要介绍,接着分析了智能会计信息系统的构建目标与原则,然后提出了智能会计信息系统的总体框架,最后阐述了智能会计信息系统构建的保障措施。

## 第一节 智能会计信息系统概述

### 一、会计信息系统的概念

会计信息系统是一个将财务数据转换为信息的信息系统。

#### (一)信息系统

信息系统是由一组相互关联的元素构成的,旨在对数据进行收集、处理、存储、传输,并向人们提供有用的信息的系统。信息系统输入的是原始数据,通过特定的加工处理,可以将这些数据转化为有意义的和实用的信息输出。

### （二）会计信息系统

会计信息系统是专门用于收集、处理、存储、传输并输出与会计相关的信息的系统。它是企业信息管理的核心部分，关乎组织的财务健康和业务运营。通过对原始财务数据的有效处理，会计信息系统将其转化为有价值的财务报告和其他相关信息，为管理层、投资者、税务机关和其他利益相关者提供决策所需的准确信息。此系统不仅仅是单纯的数字和数据的管理，还涉及多个要素，如总账、应收款、应付款等，确保这些要素之间的信息流程得以顺畅运行。随着技术的发展，现代会计信息系统往往依赖于高级软件和电子设备来自动化和优化流程，以提高信息处理的时效性和准确性。无论是传统的手工方式，还是现代的电子方式，会计信息系统的主要目标都是确保财务数据的完整性、准确性和时效性，从而帮助企业实现高效、透明和合规的运营。

## 二、会计信息系统向智能化发展的必要性

在现代技术环境下，会计信息系统不仅仅是一个用于财务核算和报表生成的工具，更是一个全面、开放的平台，用于分析和解释企业经营活动产生的各种数据，以辅助财务分析、预测和决策。网络技术和人工智能的引入使得会计信息系统从一个相对封闭和静态的系统转变为一个动态、实时和智能的系统，被称为智能会计信息系统（IAIS）。这种转变不仅提高了信息的可用性和准确性，还增强了系统的灵活性和扩展性，能更好地适应不断变化的经济环境和复杂的业务需求。与传统会计信息系统相比，智能会计信息系统能够在五个方面带来显著改进，如图4-1所示。这些优点共同构成了会计信息系统智能化发展的多重驱动力，也是现代企业在会计工作中不能忽视的关键因素。

## 第四章 智能会计信息系统的构建

- 01 提高会计信息的真实性
- 02 提高数据处理效率
- 03 提升决策质量
- 04 增强竞争力
- 05 应对监管要求

（智能会计信息系统的改进）

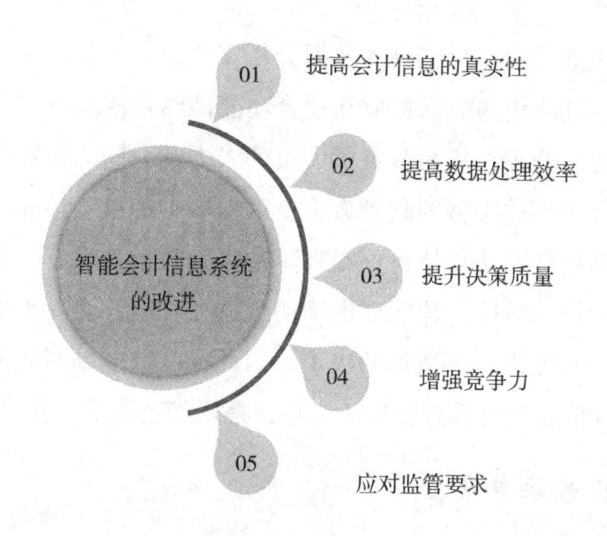

图4-1 智能会计信息系统的改进

### （一）提高会计信息的真实性

提高会计信息的真实性是智能会计信息系统发展的重要驱动因素。传统的会计信息系统在数据收集、处理和报告方面往往依赖人工操作，这容易引入人为错误或者偏见，影响会计信息的真实性和准确性。智能会计信息系统引入先进的数据分析算法和人工智能技术，如机器学习和自然语言处理，能有效识别和修正这些错误或偏见。例如，在智能会计信息系统中，复杂的事项和交易可以通过算法自动进行合规性检查和验证，而不仅仅依赖人工判断。同时，系统还能自动识别异常模式和潜在的风险因素，以更准确和及时的方式提供会计信息。这不仅增加了外部利益相关者，如投资者和监管机构对企业财务报告的信任，也有助于企业内部更有效地管理和分配资源。

### （二）提高数据处理效率

在传统的会计信息系统中，大量的数据录入和处理工作需要人工完成，这不仅耗时耗力，还可能因为人为因素导致错误。智能会计信息系统通过使用先进的自动化工具和数据分析算法，大大加速了数据处理的速度。例如，自动化的数据抓取和整合功能能够快速地从多个源获取数据，并进行初步分析，从而节省了大量的人力和时间。机器学习算法能自动识别和分类不同类型的财务数据，确保数据的准确性和一致性。这种高度的自动化和算法支持不仅提高了数据处理的效率，也降低了因人为因素导致错误的风险。快速而准确的数据处理能让企业更敏捷地应对市场变化，及时做出基于数据的决策。因此，从数据处理效率的角度来看，智能会计信息系统具有明显的优势，是现代企业不可或缺的工具。

### （三）提升决策质量

提升决策质量是智能会计信息系统所带来的另一重要益处。传统的会计信息系统提供的数据通常需要额外的分析和解释，而这个过程可能影响决策的时效性和准确性。智能会计信息系统使用先进的数据分析工具和人工智能算法，如机器学习和深度学习，能对财务数据进行更为深入和准确的分析。这种分析不仅包括对历史数据的整理，也包括对未来趋势的预测。例如，通过对销售数据、库存水平和市场趋势的综合分析，智能会计信息系统能生成更准确的预测模型，从而帮助企业做出更合理的生产和销售决策。这种高度的数据分析能力也使得企业能更准确地评估各种商业决策的潜在风险和回报，从而选择最优的战略方向。

### （四）增强竞争力

传统的会计信息系统通常仅能满足基本的数据处理和报告需求，而难以为企业在战略规划或市场定位方面提供有力支持。相比较之下，智能会计信息系统运用高级的数据分析和人工智能技术，如大数据分析和机器学习，能深刻解读市场趋势、消费者行为以及竞争对手动态。这样的洞见使企业能更加灵活和精准地调整商业策略或营销手段。更进一步地，智能系统还可实现与其他商业智能工具的整合，从而在供应链管理、客户关系管理和人力资源管理等多个方面提供综合性的优化建议。这不仅降低了运营成本,也提高了响应速度和客户满意度,从而在市场中占据有利地位。

### (五)应对监管要求

应对监管要求是智能会计信息系统显著优于传统的会计信息系统的另一个关键领域。随着金融法规的日趋复杂,企业需要在短时间内适应多种多样的规定和标准,这在传统的会计信息系统中往往是一项挑战。智能会计信息系统通过其先进的自动更新功能和算法优化,能迅速适应新出台的法规或监管要求。例如,通过实时更新的税务算法和合规性检查,系统可以确保企业在任何时候都能满足当地、国家甚至国际的财务报告标准。系统还可以自动生成必要的监管报告和文档,大大减少了企业在应对各类审计和检查时所需的人力和时间。这种自动和智能的监管应对能力不仅降低了企业的合规风险,也减少了因不合规而产生的高额罚款和声誉损失。

## 三、智能会计信息系统的功能

通过引入人工智能和网络技术,智能会计信息系统拓宽了传统会计信息系统的功能,如图 4-2 所示。

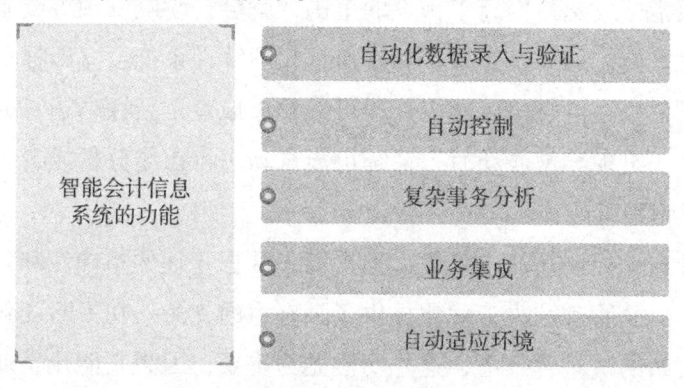

```
                    ┌─────────────────────┐
                    │  自动化数据录入与验证  │
                    └─────────────────────┘
                    ┌─────────────────────┐
                    │       自动控制       │
┌──────────┐        └─────────────────────┘
│ 智能会计信息 │       ┌─────────────────────┐
│ 系统的功能  │       │     复杂事务分析     │
└──────────┘        └─────────────────────┘
                    ┌─────────────────────┐
                    │       业务集成       │
                    └─────────────────────┘
                    ┌─────────────────────┐
                    │     自动适应环境     │
                    └─────────────────────┘
```

图 4-2 智能会计信息系统的功能

## （一）自动化数据录入与验证

自动化数据录入与验证功能在智能会计信息系统中起着至关重要的作用。这一功能通过运用先进的扫描、识别和验证技术，极大地简化了数据收集和处理的流程。智能会计信息系统使用光学字符识别（OCR）和机器学习算法等来自动识别和存储各类文档，包括发票、收据和合同等。在数据录入的同时，系统还会进行自动验证，以检测可能的错误或不一致。例如，系统能够识别出发票和收据上的数字或文字信息是否与数据库中的记录相匹配，从而在早期阶段就排除错误。这不仅大幅提高了数据处理的效率，也确保了高度的数据准确性和完整性，为后续的数据分析和决策提供了坚实的基础。这种自动化和智能化的数据处理方式无疑提升了会计工作的质量和效率，同时降低了企业因数据错误而导致的风险和成本。

## （二）自动控制

具有自动控制功能的智能会计信息系统能够根据预先设定的标准和允许偏差范围，对系统输入的期望值和输出的实际值进行精确的比较和分析。这种高级功能运用了多种数据分析和机器学习技术，以实时监控财务和业务活动，确保它们符合企业的战略目标和合规要求。当系统检测到某项指标或交易偏离了预设的范围，就会自动触发预警或者制定相应的应对措施。例如，如果实际支出远超预算，系统会立即标记出这一异常情况，并尽可能建议减少其他可选支出或者重新评估预算分配。同样，在收入出现异常波动时，系统也能自动进行市场分析或者客户行为分析，以识别可能的风险或机会。

这种自动控制功能不仅极大地提高了数据管理的精确性和效率，也为企业的风险管理和决策优化提供了强有力的支持。在不断变化的市场环境和复杂的法规背景下，这一功能尤为重要，因为它能让企业在最短的时间内识别问题并做出调整，从而避免更大的损失或错失更多的机会。

### (三）复杂事务分析

这一功能通过深度数据挖掘和算法分析，使得企业能更准确地理解和解释财务数据，从而获得更深刻的业务洞见。智能系统能自动识别、分类和解析多种财务交易，包括资本支出、营运成本和各种收支等。通过应用高级的数据分析工具和机器学习模型，系统不仅能对这些数据进行排序和汇总，还能进行预测和模拟，以帮助企业更好地理解其财务状况和业务表现。例如，在预算和财务规划方面，系统能提供各种模拟场景，让企业更准确地评估不同战略选项的财务影响。这种综合性的数据分析大大提高了企业的决策质量，也使其能更灵活地应对各种市场变化和挑战。

### (四）业务集成

业务集成是智能会计信息系统功能中一项具有高度战略价值的组成部分。这一功能通过与其他企业资源规划（ERP）系统或商业智能（BI）工具的无缝集成，实现了数据和功能的跨平台共享。这种集成使得会计信息可以与其他重要的业务数据相结合，为全面的业务分析和决策提供了基础。例如，通过集成，智能会计信息系统能够实时获取销售、库存或者供应链的数据，并与财务数据进行综合分析。这种数据的交叉分析能够揭示潜在的业务问题或机会，从而提供更全面和准确的决策依据。

### (五）自动适应环境

这一先进功能通过综合运用大数据分析、机器学习和人工智能技术，实现了系统与其所处环境之间的动态互动。例如，通过实时监测市场变化、客户需求、法规更新等外部因素，系统能够自动识别哪些财务或业务指标需要优化或调整。如果检测到税法变更或货币波动等外部因素，系统会自动更新财务模型和预测，以反映这些新的变量。这样不仅确保了数据和分析结果的时效性和准确性，也使企业能够迅速适应不断变化的环境。

更进一步地说，这种环境适应性也使得企业更具有前瞻性和战略灵活性。例如，在新的市场机会或竞争威胁出现时，系统可以迅速分析这些变化对企业各项财务指标的可能影响，从而帮助企业做出更加明智的战略决策。这一功能大大提高了企业应对不确定性和复杂性的能力，也为其在竞争激烈的市场环境中取得优势提供了有力支持。

### 四、智能会计信息系统的特点

智能会计信息系统是建立在会计循环和会计恒等式基础上的一个通用系统，其数据源仍然是历史的、能以货币计量的数据，其特点如图4-3所示。

智能会计信息系统的特点：
- 遵循复式记账原则
- 以收集会计凭证为起点
- 以简化会计循环为职责
- 以强化会计职能为宗旨

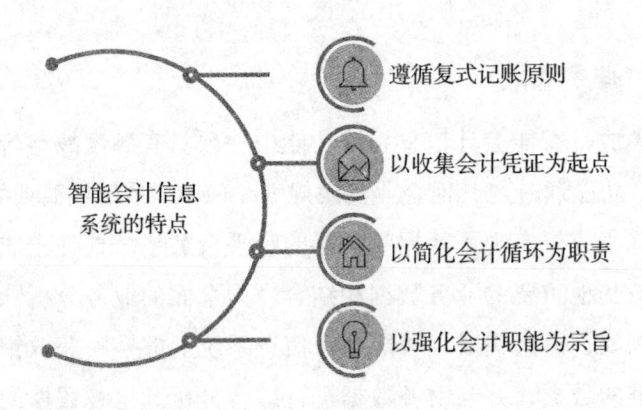

图4-3 智能会计信息系统的特点

### （一）遵循复式记账原则

复式记账原则是现代会计体系的基石，要求每一笔交易都必须在至少两个账户上进行记账，确保会计平衡。这种双向记录不仅确保了资产和权益的平衡，还提供了一个有效的检查和平衡机制，以避免或检测错误和欺诈。在智能会计信息系统中，复式记账原则得到了高度的自动化和优化。系统能够实时捕获各种财务交易和业务活动，然后按照复式记账原则自动进行分类、记录和平衡。例如，当一笔销售交易发生时，系统会自动记入相应的借方和贷方账户，同时更新库存、应收账款等相关账户。由于这一原则在系统设计之初就被内置，因此所有的会计报表和分析工具都建立在这一坚实的基础之上。这不仅确保了数据和报表的可靠性，还提供了更深刻、更全面的财务分析和预测，从而增强了企业的决策能力和风险管理水平。

### （二）以收集会计凭证为起点

在智能会计信息系统中，收集和确认会计凭证仍然是会计核算的起点，而且凭证还是最主要的数据源和最重要的会计档案。但系统所接受的记账凭证除了手工编制部分外，还有是由系统内部自动编制或从系统外部接收的，这就是所谓的电子凭证。电子凭证分为内部和外部两类。内部电子凭证指企业内部由计算机系统自动生成并通过局域网络传递的凭证，如其他业务系统自动编制的固定资产增减变动和折旧凭证、工资费用分配凭证、采购和销售的有关票据；外部电子凭证主要包括企业与外部的金融、供销、运输等单位之间发生的网上收付款电子票据以及购销业务票据，如电子支票、电子汇兑、网上委托收款票据。

### （三）以简化会计循环为职责

虽然智能会计信息系统仍然以会计恒等式和会计循环为基础，但已经简化了账簿体系和会计循环，在整个会计循环中对会计人员的技术要求，只在于从原始凭证到记账凭证的编制和确认，由此改善了信息处理的质量，主要包括以下几个方面。

#### 1. 实现多元分类

智能会计信息系统能够适应多元分类核算的需求，确保在任何时候都能快速提供所需的分类核算汇总和明细信息。这种多元分类的能力使会计人员可以更灵活地管理和分析数据。

## 2. 发展了会计方法或模型

由于数据收集能力和处理能力的极大提高，原来难以实现的复杂的数学模型和分析预测方法不再是空中楼阁。例如，线性代数、本量利分析、回归分析、多元方程和高层次数据模型都可以在管理会计中应用。

## 3. 实现了分散处理与集中管理相结合的会计管理模式

这一模式允许分公司或派出机构独立地录入与其业务活动相关的经济数据，同时能够通过互联网实时地将这些凭证信息同步至集团总部的会计信息处理中心，由总部集中管理会计信息和编制报表。这样的设计不仅提升了数据处理的灵活性和效率，也增加了系统的可扩展性，可适应不同规模和结构的企业需求。

### （四）以强化会计职能为宗旨

智能会计信息系统促进了会计职能的变化，企业实施智能会计信息系统之后，不仅能够加强财务会计与其他业务部门的协同处理，统一管理信息资源，实现数据的高度共享，而且可以通过远程处理与网上支付，实现网络财务管理，促使财务管理从静态走向动态。这有利于集团公司、跨国企业的实时管理。

## 第二节　智能会计信息系统的构建目标与原则

### 一、智能会计信息系统的构建目标

智能会计信息系统的构建目标不仅仅局限于财务数据的处理和分析，而是要建立一个更加全面和综合的信息管理平台。

智能会计信息系统应具备两个核心目标：一是财务与非财务信息的有机交互，以实现对企业全方位的认识和高质量的决策支持；二是统一的中央数据库管理，以提供一个一致、准确和可靠的信息源，进而提高整体业务流程的效率和可控性。如图4-4所示，这两个目标共同构成了一个高度集成、功能强大的信息系统，能够满足现代企业在快速发展和不断变化的商业环境中面临的各种挑战和需求。

图4-4 智能会计信息系统的构建目标

## （一）财务与非财务信息的有机交互

财务与非财务信息的有机交互是智能会计信息系统的一个重要构建目标。在这一系统中，每一个信息主体都被视为管理会计信息的参与者，无论是财务人员、市场人员还是运营团队，他们都将自己获取的信息输入系统中。通过统一的数据中心服务器和云服务模式的交互门户，这些信息经过系统的加工处理后，呈现出管理者所需的全面、精确和即时的数据，进而为决策提供有力支持。在这一过程中，财务信息如收入、成本和利润等与非财务信息如客户满意度、市场趋势和供应链效率等得以有机地交织和互补。要想实现信息的有机交互，需要统一的数据中心服务器、云服务模式的交互门户、数据的共享管理。

## （二）统一的中央数据库管理

建立统一的中央数据库能够对交互后的信息实现综合管理，这样做能够保证数据处理方法的一致性和数据更新的同步性。在一个统一的中央数据库内处理与传输数据，能够确保数据处理的方法是确定的，同时在同一个数据库内加工，数据必然能够得到实时更新，不会出现因为不同服务器存储没有及时更新而导致的不一致性问题。云服务模式的交互门户可以让使用者及时准确地上传信息，也可以对其所需要的数据进行下载提取。有时通过统一的中央数据库处理的信息在经过云服务的交互时，会因为信息的集中处理而产生混乱的局面，这时实现数据的有序共享就非常重要了。有序的财务共享管理可以有规划地将信息共享给需要的终端，完成信息的严谨输出。

## 二、智能会计信息系统的构建原则

智能会计信息系统作为企业决策与运营的核心支持平台，其构建不仅是技术实现的问题，更是战略实践的重要组成部分。有效的系统应当是一个动态、可适应和可持续发展的整体，因此，在构建过程中需要遵循一系列关键原则。智能会计信息系统构建时应遵循战略导向、安全性、可拓展性和移植性、适用性与灵活性、集成性和技术先进原则，如图4-5 所示。遵循这些原则不仅能确保系统的有效性和长期可持续性，还能保证系统与企业战略、业务流程和技术发展保持高度一致。

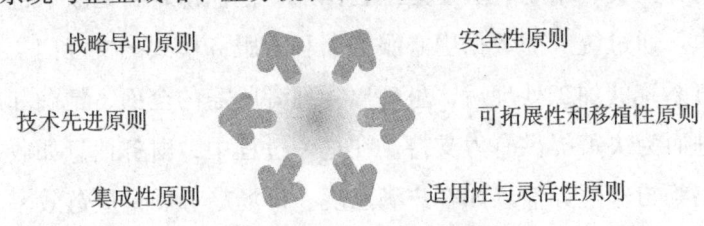

图 4-5 智能会计信息系统的构建原则

## （一）战略导向原则

战略导向原则作为智能会计信息系统的构建原则之一，强调企业战略实现应作为会计的核心目标。这一原则以企业的可持续价值创造为核心理念，旨在通过系统的使用来推动企业的持续发展。智能会计信息系统不仅需要提供财务数据，还需以企业战略为背景，提供与之相符的信息，从而帮助管理者做出更符合长期目标的决策。例如，如果企业战略是市场扩张，则信息系统应能提供关于市场趋势、消费者行为等非财务信息，以促进更全面的战略执行。这种对战略导向的持续关注确保了信息系统与企业战略方向的高度一致性。进一步地，系统应支持对企业绩效的全面管理，包括但不限于财务绩效、操作绩效和战略绩效，以确保企业行为与长期战略目标保持一致。

## （二）安全性原则

安全性原则要求在系统建设过程中应用较先进的安全控制技术，这包括但不限于多因素认证、数据加密、防火墙设置等。结合企业自身的内部控制体系和相关管理制度，系统应确保从设备到网络，再到系统、应用和数据的全方位安全。具体到用户层面，应严格管理和限制各级使用者的访问和操作权限，避免未经授权的数据访问和篡改。系统还需具备强大的抵抗外部冲击的能力，如遭受网络攻击或其他安全威胁时能够快速恢复，以最小化对业务的影响。灾难恢复能力也是评价一个系统安全性的重要标准，应确保在出现硬件故障或数据丢失等紧急情况下，能够迅速恢复系统的正常运行，并最大限度地保证信息的安全、保密和完整性。这种全面和细致的安全防范措施使系统不仅能满足日常运营的需要，还能在面临各种安全挑战时保证持续可靠的运行。

## （三）可拓展性和移植性原则

可拓展性和移植性原则针对智能会计信息系统的长期可持续性和适

应性提出了高标准要求。考虑到企业业务和环境是不断发展、变化的，一个成功的信息系统必须能够迅速地适应这些变化。一方面，系统应具备快速灵活的配置能力，从而在短时间内将管理范围和功能扩展或重构，以满足不断发展和变化的业务需求。同时，良好的可扩展性意味着不仅在软件层面能轻松增加新模块或优化现有功能，还应在硬件层面提供便捷的扩容选项。另一方面，良好的移植性降低了因硬件或平台更换导致的成本和风险，使得企业能更灵活地应对未来的各种不确定性，包括市场变化、技术更新或业务重组。

## （四）适用性与灵活性原则

企业面临的内外部环境是多变的，因此信息系统需要有能力快速地适应这些变化。例如，当企业新设分公司或者业务单位时，信息系统应能无缝整合这些新的组织架构，以确保信息流动和数据管理不受阻碍。同样，当企业的业务流程经历重大调整，如财务核算流程发生改变，信息系统也需要能灵活地调整其配置和功能，以支持新的业务模式。

适用性在于系统要能覆盖企业运营的各个方面，灵活性则在于系统能方便地进行自定义和修改，以应对快速变化的市场和管理需求。这两个原则共同作用，使得智能会计信息系统不仅是企业当前运营的支持者，更是未来发展的推动者。

## （五）集成性原则

这一原则主要涵盖两个层面：内部模块间的集成和与外部系统的集成。对于内部模块间的集成，如销售管理、生产管理、采购和库存管理、财务管理、质量管理、服务管理等，系统需要确保这些不同的业务模块能够全面集成，并且模块间具有完全的整合性。这样做不仅能够提高数据的准确性，还能有效减少重复工作和提升工作效率。与外部系统的集成要求智能会计信息系统能与其他系统，如供应链管理或客户关系管理系统等实现数据的实时交换和自动生成。借助先进的数据交换工具，系统能够与外部系统实现完整的整合性，从而实现即时数据交换与自动生成。这不仅可以提高信息的准确性和时效性，还有助于提升整个企业信息系统的运行效率。

### （六）技术先进原则

技术先进原则强调在系统的整体设计和实现中注重技术的先进性和可持续发展能力。这主要体现在四个方面：一是系统结构应具有开放性，这使得新模块和功能可以轻易地加入，为未来可能出现的新需求和新技术提供了空间；二是硬件平台应具备高度的适应性和广泛性，以支持各种规模和类型的业务需求，这也有助于实现与其他系统或模块的无缝集成；三是应融合当前较为先进的信息技术，包括但不限于云计算、大数据、人工智能等，这些先进的技术不仅提升了系统处理数据和进行分析的能力，还使系统更具预见性，能在更大程度上辅助管理决策；四是技术开发工具应是先进且易于掌握的，以便进行快速开发和维护，减少因技术过时而导致的成本和风险。

## 第三节 智能会计信息系统的总体框架

智能会计信息系统的总体结构，由涵盖核算型会计信息系统和管理会计信息系统主要功能的会计业务管理系统、面向信息使用者的会计信息资源管理系统、面向会计人员的会计知识管理系统和面向决策者的会计决策支持系统四个子系统构成。

下面具体介绍智能会计信息系统的四个子系统。

## 一、会计业务管理系统

会计业务管理系统作为智能会计信息系统的一部分，充当着关键角色，承担着数据收集、存储、加工与传输的任务。这一子系统在功能上与传统会计信息系统相似，都强调对原始财务数据的处理和加工，目的在于提高会计信息处理的速度和效率。通过使用先进的计算机技术和软件，会计业务管理系统能够快速、准确地处理大量的财务数据，远超过人工处理的速度。

与传统会计信息系统不同的是，会计业务管理系统更多地考虑了主体经营活动的多维度特性。在信息爆炸的今天，简单的二维会计信息已经不能满足企业和其他组织对全面、准确信息的需求。因此，会计业务管理系统开始将"人"的信息以及其他非财务性信息整合进来，强调信息的资源性和多维性。

在技术手段方面，现代会计业务管理系统不仅使用计算机技术进行数据处理，还充分利用网络通信技术、多媒体视频点播技术（VOD技术）等先进技术，以便实时、高效地提供会计信息。这些信息不仅基于某一个静态时点，还能够持续、动态地更新和生成。通过建立会计信息仓库，系统能实现会计信息的随时提取和互动性，从而更好地满足用户的需求。

## 二、会计信息资源管理系统

会计信息资源管理系统在智能会计信息系统中起着至关重要的作用，专注于信息内容的高级管理。这一子系统不仅接收并整合会计业务管理系统处理和加工后的信息，还引入了更广泛的信息资源，如供应链信息。综合这些多源信息能够更全面地支持企业内部管理和外部决策，进而提高企业的整体决策效率。不仅如此，会计信息资源管理系统还具备强大的信息资源整合能力，类似于企业资源计划（ERP）系统。这一系统能够整合财务和非财务信息，在管理企业内部信息的同时能对外部信息进行综合评价,从而为企业的发展提供前瞻性和全面性的管理和决策建议。

为了进一步优化信息资源管理,提供更有效的分析、判断和推理工具,该系统后期又加了商务智能等先进技术。这些工具具备出色的数据挖掘功能,能帮助会计人员从海量信息中高效获取具有竞争优势的信息,从而更有效地支持企业的价值增值活动。

### 三、会计知识管理系统

会计知识管理系统在智能会计信息系统中起到桥梁作用,将会计信息转化为有用的会计知识,以优化会计管理活动并实现价值创造。通过记录、整合和书面化相关知识,系统能促进组织内部的知识共享和学习氛围,从而提升会计人员的专业素质和工作水平。

会计知识管理系统具备自动识别有价值的知识(如方案、成果和经验)的能力,并通过数字化、组织和整理将这些知识存放于专门的知识仓库中。知识仓库内的各种知识要建立联系,形成一个关系型数据库,以便进行高效检索和使用。在输出方面,系统应能自主生成满足各个用户个性需求的知识,并实现自动、及时的知识传递。为实现这一目标,系统需要配备功能强大、人性化的检索工具,以方便用户找到并共享特定形式的知识。

### 四、会计决策支持系统

会计决策支持系统是一种人机交互的计算机系统,利用多种数据、信息、模型以及人工智能技术辅助决策,特别是高级决策。基于管理科学、运筹学、控制论和行为科学的理论基础,该系统能充分利用由会计信息系统提供的各种信息。

面向解决半结构化和非结构化的决策问题,会计决策支持系统由数据库(数据仓库)、模型库、方法库和知识库四个主要组件构成。数据库(数据仓库)提供财务数据,这些数据主要来源于会计业务管理系统和会计信息资源管理系统。模型库存放各种管理模型，如筹资模型、预测模型等，用于模拟不同情境下的经营活动。方法库主要存放常用的计算方法，如成本计算和量本利分析，这些方法都是解决特定问题的专用工具。知识库存放日常会计核算的知识，包括有关定义、规则等，这些知识主要来源于会计知识管理系统。通过以上四个组件的协同工作，会计决策支持系统为决策者提供全面、精确和及时的信息，从而大大提高了决策质量。这一系统的强大功能不仅限于传统的会计决策，还能够结合较先进的人工智能和信息技术，如机器学习和数据挖掘，实现对复杂和不确定情境的精准分析和预测。这样的综合性和前瞻性使会计决策支持系统成为现代企业决策过程中不可或缺的工具。

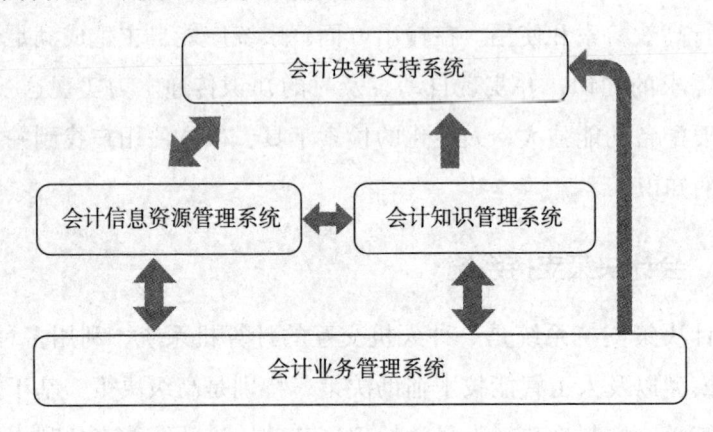

### 五、四个子系统之间的关系

四个子系统之间的关系如图4-6所示，它们既相互独立，又相互联系，共同构成一个复杂而高效的信息和知识生态系统。

图4-6　四个子系统之间的关系

会计业务管理系统负责日常会计业务的核算和信息处理，将经过处理的信息推送至会计信息资源管理系统。会计信息资源管理系统进一步进行信息分析和判断，识别信息中的价值和缺口，然后反馈至会计业务管理系统，指导其优化信息收集和处理，消除冗余，补充缺失。会计知识管理系统作为知识的有效载体，和前两个系统存在密切的相互补充关系。在进行会计业务和信息资源管理时，通常需要借助会计知识来优化操作流程和决策。反之，实践中的管理活动也为会计知识管理系统提供丰富的、更新的知识素材，使得知识库不断完善。会计决策支持系统是在前三个系统基础上发展出来的高级应用。该系统综合使用来自其他三个系统的数据、模型和知识，为企业中的高级决策者提供全面的决策支持。通过人工智能和先进的信息技术手段，该系统能够对复杂的决策问题进行精准分析和预测。

通过这种交互和反馈机制，四个子系统共同为企业创造了一个信息和知识管理的闭环，实现了信息从生成到应用、从数据到知识、从知识到决策的全流程管理和优化。这样的系统设计不仅提高了各个子系统内部的运行效率，也增强了整个企业信息和知识管理体系的协同和一体性。

## 第四节　智能会计信息系统构建的保障措施

在智能会计信息系统的构建过程中，企业需要提供有力的保障措施，如图 4-7 所示。这些措施不仅确保项目按计划进行，还有助于解决可能出现的问题和挑战，以确保智能会计信息系统从设计到运营阶段能高效、安全、可持续地运作。本节将重点讨论四大保障措施：资金保障、人力资源保障、信息安全保障和内控制度保障。

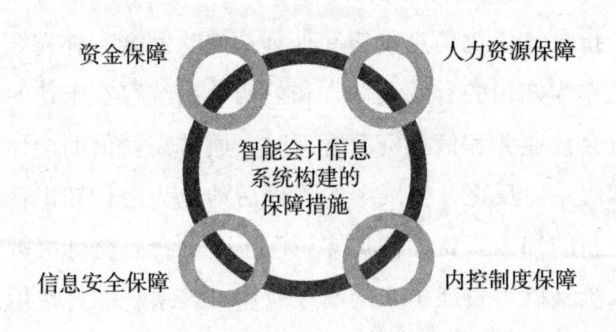

图 4-7　智能会计信息系统构建的保障措施

## 一、资金保障

### （一）资金投入保障

资金投入保障作为构建智能会计信息系统的基石，需获得企业高层和董事会的全面支持并纳入年度预算。在信息化时代，智能化的信息服务费用会随着计算机设备、存储设备和网络通信费用的降低而越来越低，人工成本则会随着城市生活成本的增加而越来越高。因此，财务部门有责任编写全面且科学的可行性分析报告，以阐明智能化的经济效益和长期可行性。通过这种方式，企业管理层能更全面地理解智能会计信息系统在降低成本和提高效率方面的潜力，从而更可能为这一重要项目提供充足的资金支持。

### （二）资金使用保障

资金使用保障关乎智能会计信息系统投资的有效性和高回报，因此企业必须采取一系列具体措施以确保资金的高效利用。一是认真做好调研，这涉及联系多家供应商并询问构建智能会计信息系统所需的各种技术与成本报价。这一步不仅有助于企业全面了解市场行情，还有助于企业在后续步骤中做出更加明智的决策。二是编制预算表，所有预计的开支都需列明并提交给董事会进行审批。这一步骤确保了资金使用的合规性和合理性，也为后续的执行提供了明确的财务框架。预算一旦获得批准，企业就需根据实际情况选择合适的采购途径，包括竞争性谈判和公开招标，目的是在保证质量的同时尽量降低成本。

## 二、人力资源保障

人力资源保障分为两个方面，一方面是与人力资源部门修改招聘计划，另一方面是人员培训。

### （一）修改招聘计划

招聘计划直接关系到人力资源的优化配置。在传统会计信息系统下，会计核算人员数量可能会多，而智能会计信息系统的推行会让部分纯粹的数据录入和基础核算工作自动化，从而减少对会计核算人员的依赖。因此，企业需要重新考虑会计核算人员的招聘需求，可能会相对减少这一岗位的人员招聘数量。同时，为了保证智能会计信息系统的高效运行和维护，需要增加系统维护人员的招聘。这些人员不仅需要具备会计知识，还需要具备一定的信息技术背景，以便更好地理解和处理智能会计信息系统中可能出现的各种问题。因此，招聘计划的改变不仅仅是数量上的调整，更是质量和结构上的优化。这样的人力资源配置，可以确保智能会计信息系统的长期稳定运行，同时能更好地适应未来企业发展所带来的各种挑战。

### （二）人员培训

随着智能会计信息系统的完工，对现有人员进行培训成为确保系统高效运行的关键一环。

一是开展新系统功能使用的培训，培训内容涵盖多个方面：智能化设备的操作、熟悉新的业务流程、利用新系统进行具体的会计操作等。这些培训旨在让员工能够熟练运用新系统，确保会计信息处理的准确性和高效性。在这个过程中，可能会遇到从基础操作到高级配置的各种问题，因此需要具体、详细的操作指南和实践机会。

二是开展信息安全方面的培训。因为智能会计信息系统涉及大量敏感财务数据，一旦出现安全漏洞，后果将非常严重。因此，信息安全培训主要聚焦于如何防范潜在的安全威胁，包括但不限于设置高强度的用户密码、定期进行数据备份等操作。员工需要了解哪些行为可能导致信息泄露或系统受损，并学习如何应对各种安全事件。

### 三、信息安全保障

与传统的局域网内运行的会计信息系统不同，智能会计信息系统更多地依赖于外部的互联网。这无疑增加了系统面临的网络安全风险，如病毒、木马等，它们可能窃取企业商业机密，从而对企业造成严重的经济损失。因此，多层次、全方位的信息安全措施需要严谨地执行。

一是在系统构建过程中，与企业信息管理中心及时沟通，对可能出现的接入外部服务器进行云计算的情况，有针对性地在公司内网端口进行监控和防护。

二是企业增加预算投入，具体用于升级网络服务器的加密硬件和软件。这一步不仅可以提高数据的保密性，也能有效抵御外部网络的攻击，确保会计信息的完整性和准确性。

### 四、内控制度保障

智能会计信息系统打破了原有的工作流程，因此需要建立新的内部控制制度。会计本质上是一个高度依赖内部控制的工作，在提高效率的同时，必须全面防范风险并确保各个环节的流程可控性。为此，特定的保障措施必须得到严格的执行。

一是要求公司的审计派驻办和监察处等监管部门全程参与智能会计信息系统的构建，专门对改造后的业务流程进行风险评估，以确保每一步操作都在合规与安全的前提下进行。

二是在系统设计方面控制好操作权限。任何操作都需要留下详细的日志痕迹，以确保能追溯到每一步操作和每一个操作者。这样做不仅可以防止外部人员非法进入系统，也能有效防止内部人员进行不当操作，如侵害或泄露商业机密、非法转移资金等。

三是系统构建后，每半年需开展一次全面的内部审计和流程评价。这样做能及时发现潜在问题，提供有力的依据和方向性建议进行整改，以实现内控制度的持续优化和流程的可持续改进。

# 第五章  企业会计核算智能化建设

会计核算作为企业运营的基础环节,一直是管理和决策的重要依据。然而,随着商业环境的复杂化和数据量的激增,传统的会计核算模式已经难以满足现代企业的需求。智能化建设成为推动企业会计核算质量和效率提升的关键因素。本章首先阐述了会计核算的基本知识,然后全面梳理和分析了企业会计核算智能化建设的现状,最后深入探讨了有效推动企业会计核算智能化转型的策略。

## 第一节  会计核算概述

### 一、会计核算的概念

会计核算也称为会计反映,是会计的基本职能之一,是以货币为主要计量单位,对会计主体的资金运动进行完整的、连续的、系统的反映。它主要是指对会计主体已经发生或已经完成的经济活动进行的事后核算,也就是会计工作中记账、算账、报账的总称。会计核算是会计其他工作的基础,必须遵守《中华人民共和国会计法》的规定,符合有关会计准则和制度的要求,做到会计资料真实、正确、完整,保证会计信息的质量，满足会计信息使用者的要求。

## 二、会计核算的意义

会计核算的意义如图5-1所示。

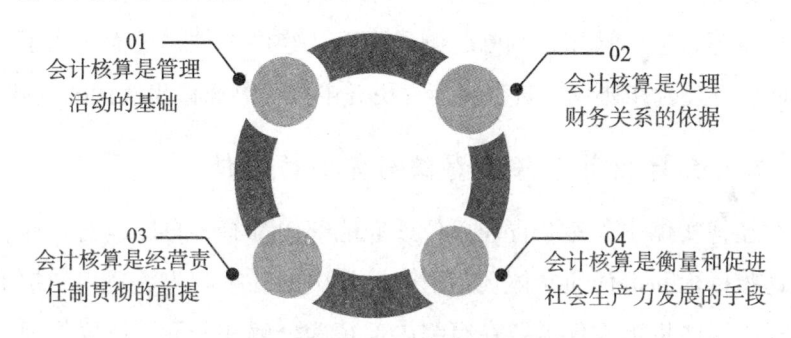

01 会计核算是管理活动的基础
02 会计核算是处理财务关系的依据
03 会计核算是经营责任制贯彻的前提
04 会计核算是衡量和促进社会生产力发展的手段

图5-1 会计核算的意义

### （一）会计核算是管理活动的基础

在任何企业或组织中，实现经营目标需要有效地管理人力、物力和财力。从制订预算和计划，到分析利润和成本，再到评估投资回报率，会计核算提供的财务和非财务数据为整个管理过程提供了坚实的基础。管理者在制订经营计划时，往往会参考历史的财务数据，这些数据通常经由会计核算精确地记录和汇总。在计划执行阶段，实时的财务数据用于监控经营活动，检查是否与预定计划相符。在总结和分析阶段，通过对比实际数据与计划数据，会计核算有助于管理者评估执行情况，进而做出相应的调整或改进。因此，离开会计核算，管理活动将失去方向和依据，无法达到预定目标，更难以持续优化和改进。

### （二）会计核算是处理财务关系的依据

会计核算在处理各种财务关系方面具有决定性作用，是为企业内外各方提供可靠、准确信息的关键。在复杂的经济环境中，无论是企业间，还是企业与税务机关、银行、外商、国有资产管理部门以及企业内部职员和各职能部门，都存在着经济利益的联系。为了明确这些关系，并确保所有交易和操作都能得到合理和公正的处理，依赖会计核算提供的信息成为必要条件。这些信息包括但不限于收入、成本、资产、负债和所有者权益等，它们被用作判断、测量和确认经济事件，进而构成了各方在合同谈判、合作协议、贷款申请、税务申报等方面做出决策的基础。

### （三）会计核算是经营责任制贯彻的前提

在经济实体中，每个责任单位或职能部门都有各自的经营目标和责任，这些目标和责任通常体现为财务计划中的各种收入、费用和技术经济指标。这些指标不仅需要在组织内部精确分解和分配，还要作为评价绩效的具体标准。会计核算提供了准确、全面和及时的财务数据，使得组织能够定期对各个责任单位和职能部门的实际操作和经营成果进行客观评估。这些财务数据不仅有助于对业绩优秀的单位或个人给予物质和精神激励，也使得对低效或不合规行为的识别和纠正变得更为简单和直接。只有拥有准确和全面的会计信息，才能确保经营责任制在各级单位和部门中得以有效贯彻，从而实现组织整体目标的最优化。

### （四）会计核算是衡量和促进社会生产力发展的手段

会计核算在衡量和促进社会生产力发展方面具有不可或缺的作用。如何最大限度地将稀缺、有限资源转化为社会财富是一个复杂而又紧迫的问题。会计核算通过定量方式提供各种关键指标，如费用开支、单位产品成本等，为社会生产力发展提供了一个客观、科学的量化尺度。这些指标不仅可以用于内部管理，以优化资源配置和提高效率，还可以用于与其他企业或行业进行比较，从而识别存在的不足和问题。具体到纵向和横向比较，会计核算能够揭露潜在矛盾，有助于有针对性地采取措施，如推进技术进步、减少资源消耗和费用开支，从而实现社会生产力的持续发展。通过这种方式，会计核算不仅是衡量社会生产力发展水平的工具，还是促进社会生产力持续、健康发展的重要手段。

### 三、会计核算的原则

会计核算的原则是对企业会计报表中所提供会计信息质量方面的基本要求，是使会计报表所提供的会计信息对使用者决策有用应具备的基本特征，也是会计人员进行会计核算应遵循的基本原则。主要包括可靠性、相关性、可理解性、可比性、谨慎性、重要性和及时性等原则。

#### （一）可靠性

可靠性也称为客观性，是衡量会计信息质量的关键维度。这一原则迫使企业以真实、准确和完整的方式确认、计量、记录和报告所有财务事务。这意味着，会计信息应当基于实际发生的交易或事项，而非虚构的、没有发生或尚未发生的事件。遵守可靠性原则能确保会计信息的真实性和准确性，从而使该信息对决策者具有价值。例如，在资产评估、成本核算或收益分析中，可靠性原则要求使用准确和完备的数据。同时，可靠性原则涵盖信息的完整性，即不能随意遗漏或减少应予披露的信息。这对于决策者来说是至关重要的，因为决策通常需要全面的信息基础。

#### （二）相关性

相关性要求企业提供的会计信息与投资者等会计报表使用者的经济决策需要相关，有助于会计报表使用者对企业过去、现在或者未来的情况做出评价或者预测。相关性原则也被称为有用性原则，即会计报表的披露要对会计报表使用者有用，与决策需要相关，有助于决策或者提高决策水平，且相关的会计信息应当有助于使用者评价企业过去的决策，证实或者修正过去的有关预测。

## （三）可理解性

可理解性在会计核算中是至关重要的原则，关乎会计信息是否能够被会计报表使用者（如投资者、管理者、供应商等）有效地理解和运用。这一原则不仅涉及数字的准确性，还涉及信息呈现的透明度和清晰度。例如，财务费用在利润表中应详细分列为利息收入和利息费用，以便使用者能准确解读公司的财务状况。同样地，将金融资产的信用减值损失从总体资产减值损失中独立出来，也是提高信息可理解性的有效方式。透明、明确的会计信息不仅降低了误解和错误判断的风险，还能够增加信息的决策有用性。因此，可理解性不仅可以确保会计信息的有效传递，还对实现会计报表的终极目标——提供决策有用信息具有基础性的作用。

## （四）可比性

可比性是会计信息质量的重要维度，确保不同时间点或不同会计主体间的数据能进行有效比较。这一原则在多方面显示其价值。首先，内部管理者可以通过对同一会计主体不同时间段的数据进行比较，更准确地把握公司运营趋势和业绩表现，据此做出更合理的决策。其次，投资者和其他外部使用者在进行投资或信贷决策时，通常会比较不同公司的会计报表，以评估各自的财务健康状况和盈利能力。这就需要各企业在会计核算过程中严格遵循统一的会计准则和政策，确保输出的会计信息具有一定的统一性和规范性。

## （五）谨慎性

谨慎性原则在会计核算中起到了对风险和不确定性因素进行量化管理的作用。当面临众多未知因素，如潜在坏账、资产减值或不确定的未来费用时，会计人员需要运用这一原则来进行合理而保守的估计和判断。例如，在对应收账款进行计量时，谨慎性原则会要求企业对可能无法回收的款项提前计提坏账准备。同样地，对于固定资产和无形资产，企业需要评估其长期使用价值，适时计提减值准备。这种预防性的财务管理不仅避免了企业因过度乐观而导致的决策失误，也让外部利益相关者（如投资者、债权人）更准确地了解企业财务状况。在全球化和复杂性不断加剧的商业环境下，谨慎性原则显示出其不可或缺的价值，为企业提供了一种在不确定性中寻求平衡的有效手段。

### （六）重要性

重要性原则在会计核算中扮演着过滤和强调关键信息的角色。该原则可确保会计报表中包含所有对企业经营和财务状况有重大影响的信息。换言之，任何可能对投资者、管理者或其他会计报表使用者的决策产生显著影响的信息都应被视为"重要"信息。这包括但不限于重大资产购买、重要合同签订、突发事件如诉讼或环境灾害等。遵循重要性原则的会计核算不仅增强了报表的透明度和可靠性，还有助于提高会计信息的质量和决策有用性。重要性原则要求会计人员在信息的记录和报告过程中进行精细的职业判断。这种判断涉及信息的性质和金额大小，因为即使一个相对较小的金额，如果其性质特别重要，也需要在会计报表中明确披露。

### （七）及时性

及时性要求企业对于已经发生的交易或者事项及时进行确认、计量和报告，不得提前或者延后。由于会计分期的特点，会计报表均在月末、季末或年末形成，所以及时性原则从时间上保证了会计信息质量。现代信息技术的发展为保证会计信息的及时性提供了有力支持。使用高度自动化和集成的会计软件和系统，企业能更快速地进行数据收集、处理和报告，从而大大提高了财务信息的准确性和及时性。而网络技术使得会计报表可以迅速地通过各种平台传达给相关的财务信息使用者，从而实现了信息的快速流通和应用。

## 四、会计核算智能化发展的必要性和可行性分析

### （一）必要性分析

当前企业的会计核算环境正面临着多重挑战，包括但不限于核算错误、漏洞以及原始凭证与票据管理不到位等问题。这些不规范的行为对会计信息的准确性构成威胁，进而影响到企业决策的质量。相对于这些人工会计处理过程的缺陷，计算机和信息技术提供了高效、准确的解决方案。以自动化软件为支持的智能会计核算不仅能大大提高核算速度，而且能显著减少错误率，这对于对会计信息准确性有特别要求的行业尤为重要。

与此同时，信息化时代为企业带来了更多的经营风险，特别是财务风险。面对这些挑战，企业需要转变传统观念，优化经营管理模式，增强风险防范能力。在这一背景下，会计核算智能化的重要性越发明显。它不仅可以提高企业的财务分析能力，而且可以促进财务管理的现代化转型。通过智能会计信息系统，企业能更有效地收集和处理财务信息，实现业务与财务信息的深度融合。这一点对于企业的长远发展有着不可或缺的作用，因为高质量、及时的财务信息是防范财务风险、做出明智决策的基础。

总之，会计核算智能化建设与发展不仅是当务之急，也是不可回避的趋势。它能有效解决目前会计核算中存在的问题，提高会计信息质量，同时帮助企业更好地应对日益复杂的财务风险，从而促进企业的可持续发展。

### （二）可行性分析

随着互联网信息技术的迅猛发展以及社会整体素质的提升，智能化已成为当下人们广泛接受的思想观念。生活中的智能化技术广泛应用，

如智能家居、智能交通等，都提升了人们对于技术进步和职能转变的认识，为会计核算智能化带来了普遍的社会和文化支持。在企业层面，无纸化办公和以网络为主的信息传输已经成为常态。许多企业不仅拥有成熟的信息管理系统，还建立了高效的信息共享平台，这些都为智能化会计提供了必要的基础设施。

目前，大数据、云计算、人工智能等先进技术的成熟和普及，为会计核算智能化提供了强有力的技术支持。这些技术不仅可以处理大量复杂的数据，还能实现数据的快速分析和精准预测，极大地提高了会计工作的准确性和效率。因此，无论是从社会文化认同，还是从技术可行性来看，会计核算智能化都具备明确的实施基础和广阔的发展前景。

## 第二节 企业会计核算智能化建设状况分析

会计核算智能化涉及方方面面，是伴随信息技术快速发展的产物。随着会计核算工作的改革和创新，很多企业已经在会计核算智能化方面加大了工作力度，特别是很多大型企业对会计核算智能化进行了科学设计和系统安排，有效地促进了会计核算智能化的发展，但个别中小企业对会计核算智能化的认识仍然不够到位，呈现出"两极分化"的特点。下面从三个角度对企业会计核算智能化建设的总体情况进行分析。

### 一、会计核算智能化重视程度

当前环境下，信息技术和各类智能技术已广泛渗透到企业管理的各个环节，人们对会计核算智能化的关注和投入也日益增加。大型企业在这方面的工作尤为明显，包括大规模的技术投入，如购买专业的会计软件，或依据企业自身实际需求进行软件的研发。这些企业不仅与IT公司紧密合作，还拥有专门负责这一领域的内部人才，他们在软件开发和完善方面发挥了关键作用。相对而言，中小企业在会计核算智能化方面的重视程度和投入相对较低。这不仅体现在对智能化软件和硬件的投入上，也反映在对相关人才和技术的关注程度上。这种状况意味着在会计核算信息化水平上，这些中小企业往往处于一个相对落后的状态。综合来看，企业对会计核算智能化的重视程度在不断提升，但还存在一定的差距和不平衡，需要进一步加强对这一领域的全面投入和管理。

## 二、会计核算智能化管理机制

健全和完善的会计核算智能化管理机制在确保智能化建设的成功实施方面起到了关键作用。很多企业已经对这一管理体制进行了科学的设计和安排，并在多方面进行了优化和完善。例如，某些企业针对自身业务需求优化了会计核算制度，将其与信息化、网络化和智能化等多个方面有机融合。通过这种方式，企业实现了传统手工会计核算与智能化核算的有效结合，提高了财务信息的准确性和可用性。其他企业则不断加强运行机制，根据实际需要不断加大资金和人力投入，以促进会计核算智能化的纵深发展。尽管大多数企业在这方面做出了一定的努力，但是仍有企业对智能化管理持有误解，认为只需软件运行即可，忽视了管理体制在风险防范、计算机系统安全等方面的重要性。这种短视和忽视在一定程度上限制了会计核算智能化的全面深入实施。因此，企业在推进会计核算智能化的过程中，应明确智能化不仅仅是技术问题，更是一个涉及多方面因素（包括管理体制、人力资源、资金投入等）的复杂系统工程，需要全面而细致的规划和管理。

## 三、会计核算智能化运行体系

目前，一些企业大力投入互联网技术和信息技术，构建了相对完善的会计核算智能化环境，从而有效地推动了信息的准确、及时传递。另一些企业则专注于解决传统人工会计核算的不足，利用先进的信息技术，如大数据和机器学习，将业务信息自动转化为记账凭证。这不仅减少了人为操作带来的误差，还在组织实施过程中应用信息技术进行综合分析和判断，以提高会计信息的质量。还有企业通过与电子商务的有效结合，将商业活动快速、无误、准确地转化为可用的会计信息，进一步加强了财务决策的信息支持。需要注意的是，尽管多数企业已经开始重视会计核算智能化，但是仍有不少企业存在运行体系不健全的问题，如信息流的不畅通、数据质量不高和系统安全性不足等，这些都在一定程度上制约了智能化会计核算功能的全面发挥。因此，持续优化和强化会计核算智能化运行体系成了每个注重财务管理和企业持续发展的企业不可或缺的任务。

## 第三节　推进企业会计核算智能化建设的有效策略

随着数字化和人工智能技术的迅速发展，会计核算也正面临着前所未有的机遇和挑战。如何有效地推进企业会计核算智能化建设，不仅关乎企业内部管理的效率和准确性，也直接影响企业在激烈的市场竞争中的竞争力。本节从四个方面提出有效策略，如图 5-2 所示。这四个策略旨在为企业提供一个全面而细致的蓝图，以推动企业会计核算智能化的全面发展。

推进企业会计核算智能化建设的有效策略
- 夯实会计核算智能化发展基础
- 强化会计核算智能化技术支撑
- 构建会计核算智能化融合模式
- 创新会计核算智能化管理平台

图 5-2　推进企业会计核算智能化建设的有效策略

## 一、夯实会计核算智能化发展基础

### （一）提升会计人员的综合素质

目前，提升会计人员的综合素质已成为推进会计核算智能化发展基础的关键环节。在人工智能和大数据环境下，会计人员不仅需要掌握传统的会计核算技能，还需具备数据分析、信息管理和基础编程等多方面能力。对会计人员进行专业的综合培训，可以在短期内提升他们在数字化环境下的工作效率和准确性。教育和培训应覆盖数据思维、信息意识和智能化操作能力，这样不仅有助于日常会计工作的高效执行，也能让会计人员在复杂的数据环境中更加游刃有余。

### （二）加强基础数据建设

加强基础数据建设是夯实会计核算智能化发展基础的另一关键环节。数据是智能化会计核算的核心，其质量直接影响到整个系统的效率和准确性。因此，企业需从源头开始，确保数据的完整性、准确性和一致性。在数据收集阶段，应使用先进的信息技术手段，如物联网、大数据分析工具等，以自动、高效地收集各种财务和非财务数据。对于已有的历史数据，必须通过数据清洗和预处理工作消除错误和不一致，以提供可靠的数据基础。在数据存储和管理方面，应采用云存储、区块链等技术，以确保数据的安全性和可追溯性。这样不仅能防止数据泄露或篡改，也有利于满足各类合规要求。同时，应构建一套完善的数据标准和管理流程，包括但不限于数据分类、编码、审计以及更新等，这有助于实现数据的统一管理和高效利用。在这个基础上，可以引入数据分析和机器学习算法，将基础数据转化为有价值的商业洞察。这不仅可以提升会计核算的准确性，还可以为企业决策提供更为精准的支持。

夯实会计核算智能化发展基础不是一蹴而就的任务，而是一个系统性、综合性的长期工程，其中涉及多方面的改革和优化，需要集成各种资源和技术，形成一个高效、准确和可持续发展的智能化会计核算体系。

## 二、强化会计核算智能化技术支撑

在新技术快速发展的时代背景下，会计核算智能化将朝着更高层次发展，特别是要将各类技术广泛应用于会计核算领域已经成为重要的发展趋势。为此，企业在实施会计核算智能化的过程中，需要进一步强化会计核算智能化技术支撑，努力使会计核算智能化实现更大突破，进而提高会计核算水平、质量、效率。下面就会计核算业务中可以利用的智能化技术进行简要介绍。

### （一）VPA 技术及其应用

1.VPA 技术介绍

VPA（virtual personal assistant）是智能语音助手、AI 助手等虚拟个人助理的统称，通过智能对话与即时问答的智能交互，帮助用户解决一些简单的问题。在会计领域，VPA 用于唤醒会计处理软件，执行会计人员已经设置好的批处理程序，经常和 RPA 技术配合使用。

VPA 与人类进行财务活动交谈的背后，离不开自然语言处理这种基础技术。自然语言处理由自然语言理解和自然语言生成构成。自然语言生成是计算机的编写语言，它将结构化数据转换为文本，以人类的语言表达，即能够根据一些关键信息及其在机器内部的表达形式，经过一个规划过程来自动生成一段高质量的自然语言文本。自然语言理解是自然语言处理的另一个子集，它能分解文本中的单词，让计算机理解每个单词的含义，从而使计算机理解整个文本的含义。在对词汇、语法和其他信息进行筛选时，自然语言处理算法使用统计机器学习、应用自然语言的语法规则，能够确定大部分语句的含义。

2.VPA 的应用

VPA 在会计核算领域的应用正逐渐改变业界的工作方式和效率。具有交互性的会计核算工作可以通过 VPA 辅助处理，如接收、解析客户或操作者的询问和指令，进一步按照预定模式自动进行数据处理或业务操作。以客户提问为例，VPA 可通过自然语言处理技术解读问题，再根据内置的知识库提供准确答复，这不仅加快了响应速度，也减少了人为错误。VPA 能够根据客户或内部员工的需求自动生成工单，再传递至相关服务部门进行进一步处理。这样的自动化流程大大简化了工作步骤，减轻了人力负担，并有助于提高业务处理的准确性和效率。值得注意的是，VPA 甚至可根据语言描述自动生成会计凭证，这一创新性应用在减少手工操作的同时，也为准确性和合规性提供了有力保障。VPA 的另一突出优点在于多样化的数据采集方式。例如，语音识别技术使得声音信息可以被快速准确地转化为数据输入，这不仅方便了业务处理，也极大地提高了系统整体的处理效率。

### （二）OCR 技术及其应用

#### 1.OCR 技术介绍

OCR（optical character recognition）即光学字符识别，具体是指通过电子设备（如扫描仪或数码相机）识别图片上的字符，再经过检测暗、亮模式来确定其形状，并通过运用字符识别等方法将形状翻译成可识别语言。OCR 技术的处理流程如图 5-3 所示。

输入 ⇨ 图像预处理 ⇨ 文字检测 ⇨ 文本识别 ⇨ 输出

图 5-3　OCR 技术的处理流程

图像预处理即通过灰度、倾斜矫正等方式消除所需文本在经过拍照或扫描后出现的形变问题，提升识别结果的准确度。文字检测即确定文字所在区域，是文本识别的前提，在截图、扫描件等简单背景和海报、说明书等复杂背景下的检测方式不同，使用的算法也存在差异。文字识别是 OCR 技术的核心功能，即提取文字的图像特征，将其序列化处理，使其恢复为文本格式。

OCR 技术的运作逻辑如图 5-4 所示，但对用户而言，使用 OCR 技术进行识别只是以拍照代替了手写的环节而已。

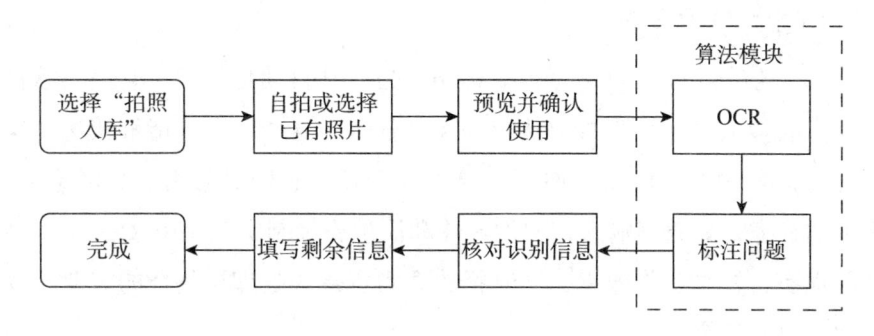

```
选择"拍照入库" → 自拍或选择已有照片 → 预览并确认使用 → [算法模块: OCR → 标注问题]
完成 ← 填写剩余信息 ← 核对识别信息 ←
```

**图 5-4　OCR 技术的运作逻辑**

### 2.OCR 技术的应用

OCR 技术在处理发票和票据信息方面展示了显著的效率和准确性。原本依靠手工完成的票据信息识别和合法性检查，如今通过 OCR 技术得以自动化。这种自动化不仅减轻了会计人员的工作负担，提高了工作效率，还改变了业务处理流程，实现了票据信息采集、发票验伪、业务处理和存档的整体连接，从而大幅提升了业务处理质量。

例如，接收采购发票后，OCR 技术能扫描并识别发票上的所有信息，并将其转化为结构化数据。然后，该数据会与后台的国家税务总局全国增值税发票查验平台进行连接，自动进行发票的验伪工作，一旦发现不合法，系统会立即发出警报。再如，报销业务处理时，员工可将纸质票据的电子影像作为业务处理的原始凭证，完全在线上完成业务的审核和核算。在填写报销单的过程中，系统会生成与附属单据关联的二维码。员工将纸质票据贴上二维码后，扫描设备会形成票据的电子影像文件，该文件通过二维码直接与报销单据进行匹配。报销处理人员可以在线上进行单据和影像内容的核对和审核,系统会对电子影像中的发票信息进行自动识别和验伪,从而确保票据和业务的真实性。

### (三) RPA 技术及其应用

#### 1.RPA 技术介绍

RPA（robotic process automation）是一种自动化技术,它使用软件机器人模拟人类在计算机上执行的重复任务。这些机器人能够快速、准确地完成各种业务流程,而不需要人为干预。它们通常用于高度重复、大量的任务,如数据输入、文件转移和简单决策制定。使用 RPA 可以减少错误率,提高工作效率,同时释放人力资源去处理更复杂的需要高度认知能力的工作。

RPA 的工作原理基于两个主要技术:用户界面捕捉和工作流自动化。软件机器人通过捕捉用户在界面上的操作,如点击、键入、拖拽等,学习并复制这些操作。一旦机器人被训练完成,它就可以独立完成这些操作,且通常速度比人快得多。在工作流自动化方面,RPA 不仅可以执行单一的任务,还能按照预定的逻辑在多个应用间进行切换,实现完整的业务流程自动化。

RPA 相比于传统软件具有独特的优势,开发周期更短且设计更加简单。这种优势主要归功于 RPA 的几个核心技术特点,如图 5-5 所示。

第五章　企业会计核算智能化建设

图 5-5　RPA 的核心技术特点

（1）机器处理。机器处理是 RPA 的一个显著特征，它可以实现 7×24 小时不间断的工作模式，大大提高了工作效率，减少了由人为因素导致的错误和中断，可确保业务流程的连续性和稳定性。

（2）基于明确规则。RPA 主要是代替人工执行重复的、机械性的操作。为了实现这一目标，开发 RPA 的过程中需要基于明确的规则来编写脚本，确保软件机器人的操作与预期一致，并可以处理各种预见的情况。

（3）以外挂形式部署。以外挂形式部署的特点可确保 RPA 的应用不会对企业现有的 IT 结构产生破坏性影响。RPA 主要是在用户界面上进行操作，可以与多种软件和平台无缝集成，无须修改底层代码或重新构建整个系统。

（4）模拟用户操作与交互。模拟用户操作与交互是 RPA 的核心特点。它可以模拟多种用户手工操作，如复制、粘贴、鼠标点击和键盘输入等。这意味着 RPA 不仅可以高效地完成任务，而且可以与其他系统和应用进行交互，为企业带来更大的灵活性和自动化能力。

2.RPA 的应用

RPA 技术在会计核算中的应用日益广泛，其主要任务是自动化地完成那些简单、烦琐、重复以及耗时耗力的工作。下面列举几个 RPA 处理会计核算业务的具体场景。

（1）期末会计核算与结账。在会计期末处理的过程中，RPA能够大大优化会计核算流程。一方面，RPA机器人能够自动化执行存货成本的计算、损益科目的结转、税务处理等复杂和耗时的任务。这不仅减轻了会计人员的负担，也大大提高了工作效率和准确性。另一方面，针对那些拥有多个子公司或业务部门的大型企业，RPA可以大大节省处理时间和人员投入，因为它不但能够并行处理多个账簿和核算单元，而且能自动进行数据整合和核对。

（2）会计报表生成与分发。会计报表的生成通常是一个复杂和耗时的过程，但通过RPA技术，这一过程可以被大大简化。RPA可以根据预先设定的会计报表模板自动从各种数据源中提取需要的信息，并按照标准格式生成报表。更进一步地，RPA可以自动将生成的会计报表通过电子邮件或其他内部通信渠道发送给相关管理人员或者经营者，从而提高信息传递的速度和准确性。

（3）账款与账收管理。RPA可以自动跟踪和管理应付账款和应收账款，从而提高资金流管理的效率。例如，RPA可以自动发送到期账款提醒，自动匹配收到的付款与相应的发票或订单，以及自动生成账款和账收报表等。

（4）薪资计算。虽然不是传统意义上的会计任务，但薪资计算通常也包括在财务部门的责任范围内。RPA能够自动处理员工的考勤数据，根据各种薪酬规则和税务规定自动计算薪资，然后进行自动转账，大大提高了这一环节的效率和准确性。

3.RPA的实施步骤与关键要点

目前，RPA已成为企业会计核算提高效率与降低成本的关键工具。对于许多企业来说，实施RPA的过程并不是一蹴而就的，而是一个涉及多个步骤和关键考量的过程。

实施 RPA 的起点是明确自动化的目标与范围。企业需要对现有的业务流程进行全面审查，识别出哪些过程是标准化的、重复性的并且耗时长的。完成这一步骤后，就要选择合适的 RPA 工具。市场上有多种 RPA 工具可供选择，但关键在于找到一个与企业的 IT 基础设施和业务需求较为匹配的。随后要设计自动化流程。这涉及确定每一个步骤的详细操作，以及在出现问题时如何处理。这一阶段可能需要业务部门与 IT 部门的紧密合作，以确保流程的准确性和高效性。实施阶段开始后，RPA 工具将被部署在目标系统上，自动化流程会被进行测试，以确保其运行的稳定性和准确性。成功测试后，RPA 流程便可正式进入生产环节。

任何的流程变化或系统升级都可能对已部署的 RPA 流程产生影响。因此，需要有一个团队或者指定的人员来监控 RPA 流程的执行，确保其持续稳定地运行。同时，随着时间的推移，业务需求可能会发生变化，这就需要 RPA 流程进行调整或优化。需要注意的是，RPA 不仅仅是一个技术工具，更是一个长期的战略投资。为了获得较大的投资回报，企业需要确保其 RPA 流程与其业务策略紧密对接，同时保持对新技术和市场变化的敏感性。

### 三、构建会计核算智能化融合模式

随着人工智能技术在会计核算领域的综合应用，会计核算智能化将朝着多元化、系统化、全面化的方向发展。在这种趋势下，企业应着重构建会计核算智能化融合模式，努力使会计核算更好地服务于企业战略发展、科学发展和可持续发展。

#### （一）将会计核算智能化与相关会计政策、会计制度、法律法规进行有效融合

首先，对接政策和法规是确保会计核算智能化项目合规性和可持续性的基础。企业需要构建一个与会计政策和制度高度兼容的智能会计核

算系统，这样才能确保数据的准确性和合规性。其次，合规性检查和审核流程也可以借助人工智能和大数据分析工具来实现自动化，从而提高效率和准确性。例如，智能算法可以自动从大量财务数据中识别出可能的错误，并自动生成报告供人工审核。最后，与现有的会计制度和法律法规紧密结合的智能会计核算系统不仅能提高企业内部的工作效率，还能在更广泛的范围内提供决策支持，如税务规划、资金管理等。因此，有效地融合会计核算智能化与相关政策和法规，不仅是推进会计工作现代化的必要步骤，也是实现企业持续和稳健发展的关键。

### （二）强化财务共享服务中心的建设，将会计核算智能化与业务工作有效结合

进一步强化财务共享服务中心的建设，可以集中处理会计核算与业务相关的各种财务任务，从而提高整体工作效率和质量。为此，可以建立专门的会计核算智能化工作组。这个工作组应由具有深厚会计知识和人工智能技术经验的专家组成，专注于推动会计核算智能化的研发和应用。通过专业化的团队运作，更系统地进行需求分析、方案设计、实施监控和效果评估，确保会计核算智能化建设既符合业务需求，又能达到预期的效益。同时，工作组需要关注员工培训和文化建设，确保会计核算的全面性、全程性和全员性得到落实。这意味着不仅仅是财务部门，其他与财务有关的业务部门也应当参与会计核算智能化的建设和应用过程，形成全员参与、多部门协同的工作机制，从而最大限度地发挥会计核算智能化在企业中的应用价值。

## 四、创新会计核算智能化管理平台

随着业务复杂性的增加和数据量的急剧膨胀，传统的会计核算方法越来越难以满足现代企业的需要。因此，企业应在保持对当前会计核算智能化趋势的敏感性的同时持续创新管理平台。具体来说，可以从以下

两个方面着手。

第一，企业应大力推进 ERP 系统的建设，以便于对传统的会计电算化进行改造和升级。特别是在 ERP 系统内部，设置专门的"会计核算模块"已成为一项必要的举措。这个模块不仅能实现财务数据的自动化处理和准确计算，还能与其他 ERP 模块（如采购、销售、库存等）实现数据和功能的深度整合。这样一来，会计核算工作不仅可以更加迅速和准确，还能实现业务流程的高度自动化和智能化。为了进一步提升会计核算的水平，还需要强化 ERP 系统内各个模块之间的应用协同性、数据共享性和管理综合性。应用协同性能确保不同业务部门在使用 ERP 系统时流畅地协作，消除信息孤岛，提高工作效率。数据共享性意味着来自不同模块的数据能够在整个 ERP 系统中自由流动，从而给决策层提供更全面、更准确的数据支持。管理综合性是通过 ERP 系统实现企业各个业务和管理层面的高度集成，从而形成一个高效、灵活、可持续发展的智能会计核算体系。这些措施有助于企业在竞争日趋激烈的市场环境中获得更大的竞争优势。

第二，企业要将大数据和云计算技术广泛应用于会计核算智能化建设当中，加快建设大数据服务中心，打造云会计平台。建设大数据服务中心可以进一步加强企业数据分析和管理能力。这个服务中心不仅能对大规模的财务数据进行高效处理和分析，还能运用机器学习和人工智能技术对数据进行深度挖掘，为企业决策提供更加精准的参考依据。打造云会计平台则是云计算技术在会计核算智能化中的另一个重要应用。与传统会计软件相比，云会计平台具有更高的灵活性和扩展性。企业无须购买和维护复杂的硬件设备，通过网络就能访问到较为先进的会计处理工具和大数据分析服务。

# 第六章　会计报表的智能生成与可视化呈现

会计报表作为企业经济活动的重要反映，其准确性和实时性对决策层至关重要。本章首先回顾会计报表的基本概念、作用、分类及编制要求，然后进一步探讨了会计报表生成的优化策略，以适应数字化的工作环境，最后分析了会计报表的可视化呈现方法，强调如何将复杂数据转化为直观、易理解的图形，提高报表的解读效率和价值。

## 第一节　会计报表概述

### 一、会计报表的概念

会计的日常工作包括设置会计科目和账户、填制和审核会计凭证、登记账簿等。会计账簿中的记录和资料比较分散，无法从整体上反映会计主体的总体情况。因此，必须定期在会计日常核算的基础上编制会计报表，通过会计报表来总括、综合地反映会计主体的财务状况和经营成果，以满足会计信息使用者的决策需求。

会计报表也称为财务报表，是财务报告的主干部分，是反映会计主体在某一特定日期的财务状况和某一会计期间经营成果的报告文件，所反映的是一定期间产权价值运动的结果。编制会计报表是会计核算过程的最终环节，也是会计核算的专门方法之一。提供及时、正确、完整的会计报表信息，对满足信息使用者需求具有重要意义。

在实际工作中，人们往往将财务报告和会计报表混为一谈。二者的比较见表6-1。

表6-1 会计报表与财务报告的比较

| 财务报告含义 | 会计报表含义 | 两者联系 |
| --- | --- | --- |
| 用于综合反映单位财务状况和经营成果的书面文件，由会计报表和财务情况说明书两大部分构成 | 以日常核算资料为主要依据编制的，用来集中反映各单位一定时期的财务状况、经营成果以及成本费用情况的一系列表式报告 | 会计报表是财务报告的主体组成部分 |

## 二、会计报表的作用

会计工作的目标，是向企业的管理者和与企业有关的外部利害关系人提供对决策有用的会计信息。会计报表是提供会计信息的重要工具，对单位内部和外部的利益关系方都有重要意义。

### （一）*为企业内部的经营管理者进行日常经营管理提供必要的信息资料*

会计报表作为企业经营活动的金融记录，为企业内部的经营管理者提供了一系列关键的信息资料，从而有力地支持了日常经营管理活动。通过分析资产负债表、损益表、现金流量表等，经营管理者能够全面而准确地掌握企业的财务状况、成本费用状况，包括资产、负债、收入、成本、现金流等方面的信息。这样的数据不仅有助于评价企业的经营情况，发现存在的问题和不足，还有助于针对这些问题和不足采取相应的改进措施。准确的会计信息还可以助力经营管理者总结过去的经验，查明问题存在的原因，从而改进经营管理工作、提高管理水平。

## （二）为投资者进行投资决策提供必要的信息资料

会计报表作为企业财务和经营活动的权威记录，为投资者进行投资决策提供了关键信息。资产负债表、损益表和现金流量表等报表直观地反映了企业的资产、负债、收入和成本，从而有助于投资者评估企业的财务健康程度和盈利能力。通过分析这些报表，投资者可以全面了解企业的财务状况和经营活动，进一步评估投资的报酬和风险。例如，资产负债表可以显示企业的资金结构，损益表可以显示企业的盈利能力，现金流量表可以显示企业的现金流入和流出状况。投资者还可以通过会计报表了解企业的经营成果、资金使用情况以及资金支付报酬的能力，这些信息对于评估企业的长期盈利能力和成长潜力有重要意义。

## （三）为债权人提供表明企业资金运转情况和偿债能力的信息资料

会计报表对于债权人而言是评估企业资金运转状况和偿债能力的关键信息来源。具体而言，债权人会关注企业的流动比率、速动比率、负债比率等财务比率，以综合评估其偿债风险。在商业信贷愈加重要的现实背景下，银行和非银行金融机构作为主要的债权人，高度依赖这些会计报表来进行信贷审批和风险控制，从而确保能够按时收回贷款本金和利息。

## （四）为财政、工商、税务等行政管理部门提供对企业实施管理和监督的信息资料

会计报表在财政、工商、税务等行政管理部门的企业监管中发挥着不可或缺的作用。这些报表提供了企业资金流动、成本结构、利润分配和税收缴纳的详细数据，为行政部门评估企业的合规性、经营效益和税收责任提供了依据。通过对会计报表的细致分析，行政管理部门能更加精准地执行各项规定，确保企业合法合规经营，同时能对存在的问题或

不规范行为及时进行纠正，维护市场经济秩序和财税合规性。

**（五）为企业内部审计机构和外部审计部门检查、监督企业的生产经营活动提供必要的信息资料**

会计报表在内部和外部审计活动中起着至关重要的作用，提供了系统性、全面性的经济数据和财务信息。这些报表能帮助审计人员了解企业的整体经营状况和财务表现，为进一步的审计工作提供大局观。例如，资产负债表、损益表和现金流量表等会计报表能够直观反映出企业资产与负债、收入与成本、现金流入与流出的状态。通过对这些数据的细致分析，审计人员可以识别出潜在的财务风险、内部控制不足或者合规问题。

### 三、会计报表的分类

**（一）按照会计报表所反映的经济内容分类**

按照会计报表所反映的经济内容分类，可以将会计报表划分为三类。一是反映企业特定日期财务状况的会计报表，资产负债表即为此类报表的代表，它详细列明了企业在某一具体日期的财务状况，包括企业的资产、负债及所有者权益。二是反映企业一定时期内财务状况变动情况的会计报表。例如，现金流量表和所有者权益变动表分别记录了企业在一段时间内现金和现金等价物的进出，以及同一时期内企业所有者权益的各种增减变化。三是反映企业在一定时期经营成果的会计报表。利润表是这类报表的经典代表，它展示了企业在特定时期的收入、成本和利润，为用户提供关于企业经营效果的直观信息。

**（二）按照会计报表的报送对象分类**

按照会计报表的报送对象分类，会计报表可大致分为对外会计报表和对内会计报表两类。对外会计报表主要满足外部使用者的信息要求，尽管这些报表同样可以为企业内部管理提供参考，但它们主要是为了向企业的股东、债权人、政府部门及其他外部利益相关者提供财务信息。资产负债表、利润表、现金流量表和所有者权益变动表等均属于这类报表。它们为外部使用者展示了企业的财务状况、经营成果和现金流动情况。相对地，对内会计报表主要是为了满足企业内部管理的需求而编制。这类报表更加注重细节，能为企业管理层提供深入的经营数据分析。例如，反映企业成本和费用情况的会计报表可以帮助管理层更好地控制成本、优化资源配置和提高经营效率。

### （三）按照会计报表的编制主体分类

按照会计报表的编制主体分类，会计报表可以划分为个别会计报表和合并会计报表两大类。个别会计报表特指某一独立核算单位依据会计准则，基于其自身会计核算资料及其他相关资料所编制的会计报表。这类报表为单一企业或组织提供了直观的财务和经营数据。合并会计报表则是围绕一个企业集团展开，将母公司与其所属子公司的会计报表信息整合在一起，由母公司负责编制。这类报表背后的理念如下：当外部使用者评估一个企业集团的经济活动时，他们需要的是整体的、综合的数据视角，而不仅仅是各个子公司分散的、独立的数据。

### （四）按照会计报表编制的时间分类

按照会计报表编制的时间分类，会计报表可以划分为中期报表和年度报表。中期报表根据其编制周期的不同，可以进一步细分为半年度会计报表、季度会计报表和月度会计报表。编制这些报表的目的是向内外部使用者提供企业在一定时间段内的财务状况和经营成果。例如，季度会计报表为使用者提供了企业每个季度的经济活动概览，而月度会计报表则提供了更为详细的每月的财务数据，帮助管理层及时捕获和解决可能存在的问题。相对地，年度报表，也被称为决算报表，则是在年终编制的。这类报表全面地反映了企业一整年的财务状况、经营成果和现金流量。它为使用者提供了一个完整的、系统的财务和经营数据概览,有助于评估企业的年度经营成果和财务健康状况。无论是对内的管理决策,还是对外的投资决策,年度报表都是一个极为重要的参考依据。

### (五)按照会计报表反映的资金运动状态分类

按照会计报表反映的资金运动状态分类,会计报表可以划分为静态会计报表和动态会计报表。静态会计报表,也被称为时点报表,主要反映企业资金在某一特定日期处于相对静止状态的财务状况。最典型的静态会计报表是资产负债表。动态会计报表则注重展示企业资金的运动和变化。这类报表也被称为时期报表,因为它们涵盖一个特定的时间段,展示在这一期间内资金的流入、流出和变动情况。动态会计报表为使用者提供了深入的视角,使其能够洞察企业的经营活动、投资活动和筹资活动等资金流动状况,从而更好地理解企业的运营和财务表现。

### 四、会计报表的编制要求

在编制会计报表的过程中,高质量、准确性和真实性是至关重要的。为确保报表的可靠性和有效性,需要遵循一系列核心原则和标准。这些原则不仅确保了数据的真实性和完整性,还保障了企业的决策过程和外部利益相关者的信息需求得到满足。具体来说,会计报表的编制要求可以概括为四个要点:数字真实、内容完整、计算正确以及编报及时,如图 6-1 所示。

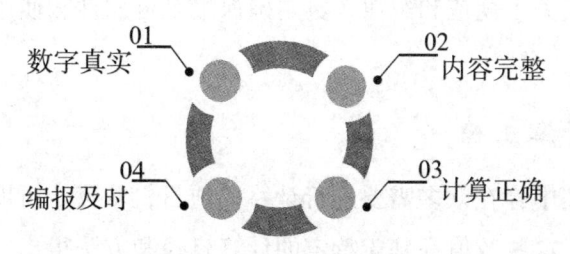

图 6-1 会计报表的编制要求

## （一）数字真实

数字真实是会计报表编制要求中的首要原则。它确保会计报表所展现的信息与企业的实际财务状况、经营成果和现金流量保持一致。这意味着，当外部使用者或内部管理层查看这些报表时，他们所见到的数据是确切、准确和真实的，没有经过任何误导或修饰。为了确保这种真实性，会计报表中的所有数据都必须基于报告期内的实际交易和事件来填列，不应当使用任何预计、估算或计划的数值来代替这些实际数字。最为关键的是，任何形式的虚构、篡改或伪造数字都是严格禁止的。因为任何不正当的行为都会严重损害会计报表的真实性和可靠性，进而误导使用者，并可能导致严重的法律和经济后果。因此，确保数据真实不仅是会计职业的核心责任，也是维护企业信誉和公信力的基础。

## （二）内容完整

为了确保报表使用者获得准确的、全面的财务和经营信息，会计报表必须遵循国家或相关机构设定的具体规范和格式进行填报。这意味着，企业在编制其会计报表时，不应漏掉任何规定的项目或内容，无论这些内容是主要的表内项目还是报表的附注资料。例如，资产负债表上的所有资产、负债和所有者权益的分类和明细，利润表上的所有收入、费用和利润明细，以及现金流量表上的所有现金流入和流出都应完整、详细地列出。只有当所有规定的内容都被完整填列，报表才能为使用者提供全面、深入的信息，使他们能够基于这些信息做出明智的决策。因此，内容完整不仅关乎规范和纪律，更是确保报表可靠性和使用价值的关键因素。

## （三）计算正确

会计报表中存在众多需要进行计算的项目，从资产折旧、存货估值到税务计算，这些数值都基于特定的计算口径和方法得出。为了确保报表的准确性和可靠性，这些计算必须遵循企业会计准则或其他相关规定提供的明确指导。任何偏离指定的计算公式、方法或口径都可能导致错误或误导的信息。例如，如果企业对其长期资产的折旧计算采用了不正确的年限或方法，就可能导致资产负债表和利润表上的数值出现偏差。类似地，对存货或应收账款的错误估值也会对企业的财务健康状况产生扭曲的影响。因此，为了保证报表的真实性和公正性，企业必须确保所有的计算都是正确的，不得删减或增加任何不应有的项目或数值。这不仅是为了满足外部报告的要求，也是为了企业自身制定决策时能有准确的信息基础。

### （四）编报及时

为了确保报表使用者能够基于最新、最相关的财务数据进行决策，会计报表必须在规定的时间内完成并提供给相关方。若报表延误或超出预定的提交期限，就可能会对企业的信誉产生不利影响，同时也可能导致违规或法律责任。为了满足各种信息需求，不同类型的报表有其特定的报送时限。月度报表，作为对企业每月经营情况的反映，应在月份结束后的六天内提交，确保月度业务决策的及时性。季度报表，则需要在季度结束后的十五天内提交，为投资者和其他外部使用者提供季度经营情况的"快照"。而半年度和年度报表，由于其内容更为全面、细致，通常允许有更长的编制和审核时间，分别在半年度和年度结束后的六十天和四个月内提交。这种及时的编报不仅满足了法规要求，也可确保会计报表为企业内外部使用者提供及时、准确和相关的信息。

## 第二节 会计报表生成的优化策略

### 一、基于智能化的会计报表生成的优化策略

基于智能化的企业会计报表生成主要是通过 RPA 技术完成的,一旦启动,RPA 程序将自动登录企业的专用会计报表系统,选择需求的会计期间,根据会计报表系统、财务共享平台的数据信息补充封面信息,修改应收应付、关联交易下的地区及业务类型,然后进入主表数据源界面进行数据填写,从而生成并提交合并报表。具体流程如图 6-2 所示。

```
开始
 ↓
登录会计报表系统
 ↓
选择会计期间
 ↓
补充封面信息
 ↓
修改应收应付、关联交易下的地区及业务类型
 ↓
抓取财务报表数据
 ↓
进入主表数据源界面进行数据填写
 ↓
生成合并报表
 ↓
保存并提交报表
 ↓
结束
```

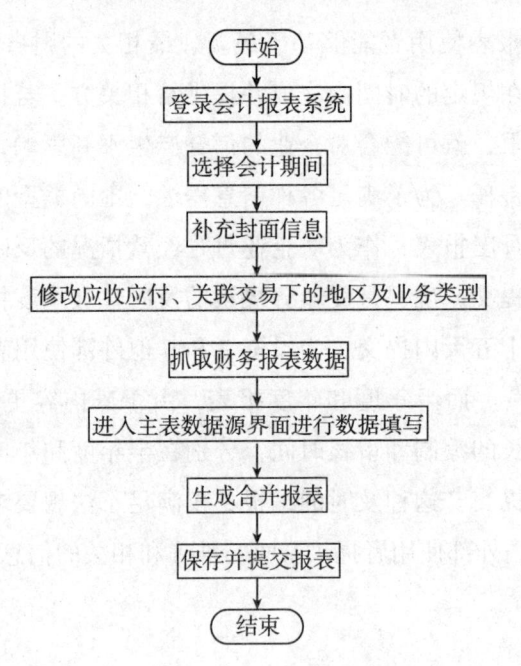

图 6-2 会计报表生成流程

第一步:登录会计报表系统。RPA 自动填写账号和密码进入会计报

表系统，避免了传统的手动输入过程。

第二步：选择会计期间。RPA 根据用户需求自动选择需要的会计期间，确保数据的相关性和及时性。

第三步：补充封面信息。RPA 可以自动补充项目地区、业务类型和所属行业等封面信息。地区填写可以细化至固定机构位置，保证信息的地域准确性。在业务类型方面，RPA 根据单位的实际业务和主导收入来源进行智能选择。至于所属行业的标注，系统能够依赖相关规定进行匹配，从而使封面信息更为精准、完整。

第四步：修改应收应付、关联交易下的地区及业务类型。RPA 技术自动检索各单位的应收应付和关联交易下的各表，对照修改相关分录中的地区和业务类型。在会计报表系统中，若地区或业务类型与对方数据不一致并呈现红色提示，RPA 会将焦点定位到该条分录。通过点击"修改非系统字段"选项，系统进入调整界面。默认界面展示单条记录，但可通过右上角下拉菜单切换至完整分录模式。如果存在地区或业务类型不匹配的分录，系统将依据设定的拆分规则确定正确的地区和业务分类，并自动进行调整。

第五步：抓取财务报表数据。当 RPA 进入财务报表数据展示页面并识别到主表数据为空或与当前财务数据不一致时，它会自动触发"获取财务报表数据"功能。这样，系统即可从数据库中抓取并展示相应的财务报表主表内容。

第六步：进入主表数据源界面进行数据填写。完成数据抓取后，RPA 自动进入主表数据源界面，进行数据分析和填充。在此过程中，系统会按照应收应付的地区和业务类型来选择和调整数据。当涉及多个地区或业务类型时，RPA 会自动增加相应的列。为确保数据的准确性，系统会根据应收应付和关联交易的地区及业务类型拆分数据，确保数据与合并报表相符。在财务状况数据源表中，资产和负债的总值需保持平衡，如有差异，将在"所有者权益合计"科目中进行调整。同时，境外和投资项目还需要填充特定的效益情况表。

第七步：生成合并报表。在完成前序的数据整合与填充后，RPA 进入自动化的合并报表生成阶段。此阶段，RPA 系统从已填充的数据源表提取必要的财务信息。根据预定的报表格式和结构，RPA 智能地组织这些数据，确保每项数据正确地归入其相应的会计科目与类别中。生成过程中，系统还会自动进行数值的核对与验证，以确保报表的准确性和一致性。为了满足不同的分析和决策需求，RPA 还能根据预设条件和规则，为特定的报表用户或分析师制定合并报表。一旦合并报表生成完毕，RPA 会为其打上时间戳，确保报表的时效性，并准备进入后续的审计或分发环节。

第八步：保存并提交报表。完成合并报表的生成后，RPA 系统立即启动保存和提交程序。每份报表都会被自动保存在指定的存储位置或云端平台中，同时为确保数据的完整性和防止数据丢失，系统会创建备份。然后，RPA 依据预设的提交流程和权限设置，将报表自动提交至相应的审核部门或上级管理层。整个过程不仅提高了报表提交的效率，还确保了数据的安全性和准确性，从而满足了现代企业对会计报表快速、准确提交的需求。

## 二、会计报表生成优化策略的实施建议

### （一）加强财务共享中心的使用与信息化建设

财务共享中心作为企业内部的集中化、标准化财务服务平台，在促进会计报表的智能化生成上发挥着关键作用。通过整合各业务部门的财务需求，财务共享中心不仅提供了统一的数据输入源，还能够实现数据的标准化和规范化，为后续的自动化报表生成提供坚实基础。此外，随着信息技术的不断进步，财务共享中心能够引入更为先进的工具和系统，如 RPA、AI 分析工具等，实现对财务数据的快速整理、分析及生成报表。

通过 RPA 技术自动识别、提取和整理数据，大大减少了人为错误和处理时间。集成的 AI 工具可以对数据进行深度分析，识别潜在的风险和机会，为决策层提供更为深入的洞察。通过云技术和集中的数据库，确保数据的实时更新和完整备份，避免因系统崩溃或其他原因造成的数据丢失，确保报表生成的连续性和准确性。更进一步地，通过对接其他业务系统，如供应链、销售和人力资源等，财务共享中心能够获取更全面的业务数据，为报表提供更为丰富的内容。这不仅提高了报表的质量，还能够为企业决策提供更为全面的参考依据。

### （二）优化部门与人员配置

为了保障企业会计报表智能化生成方案真正落地，还需要调整企业部门有关人员。由于机器人流程自动化的引入，以前在会计报表生成板块从事高重复、规则性工作的财务会计人员应当分离出来，更多地关注对数据信息的决策、预测、预警方面的研究与分析。与此同时，应当打破部门之间的壁垒，下放权限，将机器人流程自动化可实施的环节给予充分的权限，这样才能方便会计报表的有效生成，从而推动智能化发展。

### （三）注重风险防控

注重风险防控在会计报表智能化生成中起到关键作用。虽然引入智能化技术提升了报表的生成质量与效率，但这些智能化技术并不具备人类的自我学习与思考能力。特别是对于集团型企业这样的数据来源广泛的单位，数据的真实性与有效性极易受到威胁。因此，建立风险防控机制至关重要。全程监督会计报表的生成，如通过形成系统运行日志，使得管理人员可以随时核查。同时，应结合技术手段和人员监督确保整个过程的透明度和安全性。预警机制也应当被引入，如对外部病毒或不明人员的侵入进行监测，及时向相关负责人发出预警信号。显然，信息技术虽为会计报表智能化生成提供了强大支持，却也可能成为风险的源头。

因此，加强风险防控不仅可确保报告的生成质量，还是智能化生成流程的重要安全保障。

## 第三节 会计报表的可视化

随着大数据、AI及其他先进技术的快速发展，传统的纸质或电子表格报告方式逐渐显得单一，不足以满足各种用户需求。可视化不仅增加了报表的互动性和易读性，还能更加直观地展现数据之间的关系和深度的数据洞察，为财会人员提供了更高效的方式来呈现和解释复杂的财务数据。这种方式使得决策者和其他利益相关者能够迅速捕捉到关键信息，进行高效决策。下面介绍会计报表可视化的概念和意义、实现工具及基本步骤。

### 一、会计报表可视化的概念和意义

#### （一）会计报表可视化的概念

会计报表可视化是指运用各种现代图形、图像技术和交互式工具，将传统的会计报表数据转变为直观、清晰、互动的图形或图表，从而更直观地展示和解释财务数据的技术手段和方法。因此，会计报表可视化是现代会计的重要组成部分，更加符合当今数字化、信息化时代的需求。

#### （二）会计报表可视化的意义

会计报表可视化的意义主要体现在三个方面，如图6-3所示。

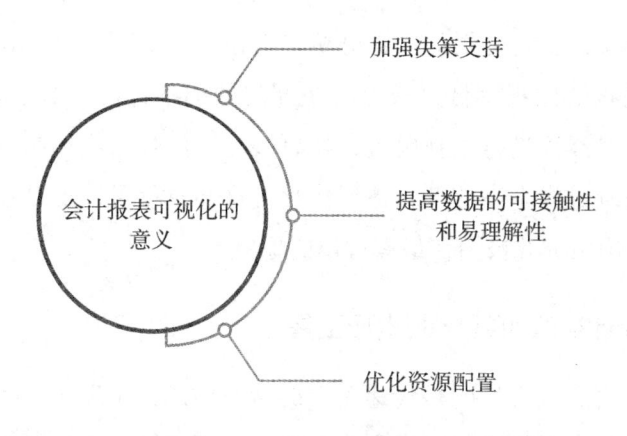

第六章　会计报表的智能生成与可视化呈现

图 6-3　会计报表可视化的意义

**1. 加强决策支持**

在商业和企业管理中，决策的效果往往直接关系到企业的盈亏和长期发展。传统的会计报表虽然信息量丰富，但对于决策者来说需要花费大量时间去深入解析。而会计报表可视化提供了一个直观、动态的视角，允许决策者在短时间内获取关键信息，如收益趋势、成本结构或资金流动情况。这种快速的信息获取方式大大缩短了决策时间，为企业提供了更为灵活和迅速的反应能力，确保企业在快节奏的商业环境中保持竞争力。

**2. 提高数据的可接触性和易理解性**

会计报表中充满数字和术语，对于非财务专业的人员，这些数据和信息显得枯燥且难以理解。可视化工具将这些数据转化为图形和图表，使得信息更加直观。例如，一个简单的柱状图或饼图可以清晰地展示销售额的分布或成本的构成，而不需要用户去详细查看每一个数字。这不仅促进了跨部门之间的沟通，还使得公司内部各层级的员工都能够对财务数据有更深入的理解，增强了企业内部的信息共享和团队协同。

**3. 优化资源配置**

通过会计报表的可视化，企业可以更容易地发现运营中的短板和不足。这些可视化工具提供的数据分析能够帮助企业更精确地识别哪些业务或项目的投资回报率低,或者哪些部门的成本过高。有了这些信息,企业就可以对资源进行重新配置,将更多的资源投入高回报率的业务或项目中,同时对成本高的部门进行优化。这样不仅可以提高企业的整体效率,还能确保资源被用在最有价值的地方。

## 二、会计报表可视化的实现工具

会计报表的核心目的是传递关键的财务信息,帮助决策者进行数据驱动的决策。为了使这些报告更为直观和易于理解,各种可视化工具已经被广泛采纳。

### (一) Excel

Excel 作为较基础的数据处理软件,已经成了许多会计和财务专家的首选。它不仅提供了基础的数据存储和计算功能,更重要的是,其高级图表和数据透视功能使得对复杂数据的可视化分析成为可能。使用 Excel,用户可以轻松地生成条形图、饼图、折线图和散点图等多种类型的图表,这些图表可以直观地展示出数据之间的关系和趋势。数据透视表功能更是为财务数据分析提供了巨大的便利,用户可以通过拖放的方式进行数据维度的调整,快速获取所需的分析视图。

### (二) Tableau

Tableau 是近年来迅速崛起的数据可视化工具,特别受到数据分析师的喜爱。它可以轻松连接各种数据源,从简单的 Excel 表格到复杂的数据库,再到云端数据源。在财务数据分析中,Tableau 可以通过拖放界面,轻松制作出多种交互式的图表和仪表盘,使复杂的数据变得生动并且有意义。其强大的计算能力和高度的定制性,使得用户可以针对特定的业务需求进行深入的数据分析。

### （三）Power BI

Power BI 是一款由微软公司推出的业务智能工具，专为数据可视化和业务分析而设计。近年来，随着数字化和大数据的崛起，Power BI 已经在全球各地的企业和机构中广泛应用，特别是在会计报表的可视化领域，它凭借独特的功能和特点成了一款颇受欢迎的工具。

Power BI 具有强大的数据连接能力。它可以与众多的数据源进行连接，无论是本地的数据库，还是云端的数据服务，或者是 Excel 等常见的数据文件，Power BI 都可以轻松地进行数据提取和导入。这对于会计人员来说，意味着他们可以快速地从各种不同的财务系统或数据库中获取数据，无须进行复杂的数据迁移或转换。

数据建模与 DAX 公式（数据分析表达式）的应用是 Power BI 的另一个显著特点。DAX 为用户提供了一种灵活而高效的方法来处理和分析数据。会计报表中经常涉及一些复杂的计算和数据逻辑，利用 DAX，分析师可以轻松实现各种复杂的数据操作，如同期比较、增长率计算等。

Power BI 的可视化组件库丰富，用户可以根据需求选择各种图表、表格和仪表板等，进行个性化设计。这种设计既可以是静态的，也可以是动态的。例如，对于经常变动的月度财务报表，用户可以创建动态仪表板，实时显示最新的财务数据。而对于年度或季度报告，则可以制作精美的静态图表，详细展示各个财务指标的变化和趋势。

Power BI 的协作和分享功能也受到许多用户的青睐。在完成报表设计后，用户可以将其发布到 Power BI Service，与团队成员或外部合作伙伴共享。通过 Power BI Mobile，用户可以在移动设备上随时查看和分析报表，确保关键决策基于最新、最准确的数据。

### 三、会计报表可视化的基本步骤

虽然具体的会计报表可视化步骤可以因项目和需求而异，但通常包括六个关键步骤，如图 6-4 所示。

明确目标与受众

数据收集与整理

选择合适的可视化工具

设计和创建可视化图表

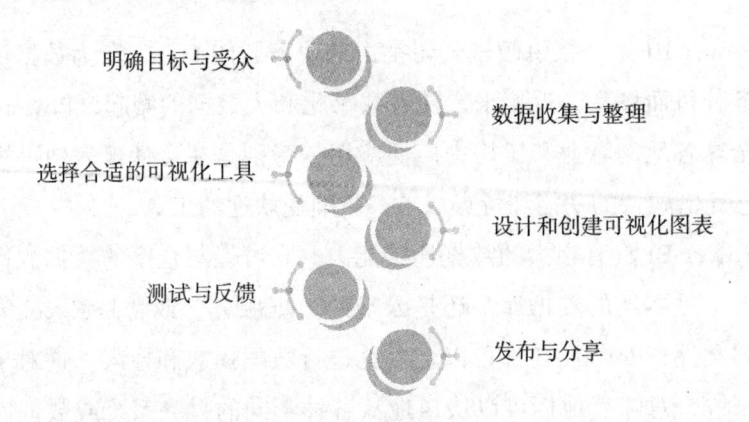

测试与反馈

发布与分享

图 6-4　会计报表可视化的基本步骤

### （一）明确目标与受众

明确目标与受众是会计报表可视化的核心前置工作。目标设定为可视化提供了方向，使其不偏离核心信息传递的轨迹。例如，如果目标是解释某一财务现象，那么重点可能会放在历史数据的对比上；而展示趋势则更注重时间线的设计和数据的连续性。与此同时，了解受众至关重要。不同的受众群体对数据的认知、他们所期望的信息深度和展示方式都会有所不同。例如，高层管理人员可能更偏好于宏观的概览，而基层员工或者具体业务部门则需要更具体、更深入的数据解读。受众的背景知识也会影响他们对数据的解读和理解，财务背景的受众可能更容易理解复杂的财务图表，而非专业背景的受众则更需要简洁明了的图表展示。因此，深入考虑受众的特性和需求，能确保可视化的效果达到最佳，实现数据与信息之间的有效转化。

### （二）数据收集与整理

数据收集与整理是会计报表可视化过程中的关键环节。为了满足特定的可视化目标，从多个数据源中精准获取相关数据成为初始任务。企业财务系统、会计软件和其他数据平台都可能成为数据来源，它们为分析提供丰富且多维度的信息。但是，仅仅收集数据并不够，数据的整理工作同样重要。在整理过程中，清洗数据是至关重要的步骤，可确保数据准确无误，不被"脏数据"或误导性数据影响。为了数据的准确性和连续性，有时需要去除那些可能扭曲数据真实性的异常值。对于某些缺失的数据，需要进行恰当的填补，以确保数据的完整性。只有经过严格的数据整理，才能为后续的分析和可视化提供坚实的基础。

### （三）选择合适的可视化工具

选择合适的可视化工具是确保数据有效展示的重要环节。不同的工具针对不同的数据类型和展示需求都有各自的优势。Excel 作为一款广泛使用的电子表格软件，适合进行基本的数据处理和图表生成，特别是在初步的数据分析和简单图形展示上。Tableau 专为数据可视化而设计，它可以处理复杂的数据集，通过拖放功能快速创建直观的图形和仪表板。Power BI 作为微软的一款业务智能工具，不仅支持高级数据可视化，还能与 Azure、SQL Server 等其他微软产品完美整合，满足大型企业的业务分析需求。在选择工具时，除了基于数据的需求，还要考虑工具的功能深度，如是否直观易用，输出的格式是否满足分享或进一步编辑的需求，以及工具是否能与企业现有的其他系统顺畅对接。

### （四）设计和创建可视化图表

在设计和创建可视化图表阶段，需要考虑以下几个方面。

1. 数据映射

确定数据的映射关系，并将数据的维度、值、关系等映射到图形的位置、大小、颜色、形状等视觉属性上。数据映射的选择可以大大影响到可视化的信息表达效果。例如，位置和大小是最直观的视觉属性，适合表示强烈的对比和关系，颜色和形状则更适合表示类别和属性。数据映射需要结合数据的特性和目标的需求，选择较有效的视觉属性。

### 2. 视觉编码

视觉编码是将数据转化为视觉元素的过程。在进行视觉编码时，要考虑如何使用色彩、形状、大小等视觉元素，以及如何结合这些元素来最好地表达数据和信息。例如，色彩可以用来表示数据的类别，形状可以用来表示数据的属性，大小可以用来表示数据的数量。

### 3. 布局和组织

布局和组织是设计可视化中的一个重要环节。好的布局和组织可以帮助用户更好地理解和使用数据可视化。布局是指如何将各个视觉元素放置在图表中的位置，如哪些元素应该放在中心，哪些元素应该放在边缘。组织是指如何将各个视觉元素按照某种逻辑关系进行组合，如哪些元素应该放在一起，哪些元素应该分开放。布局和组织需要结合数据的关系和用户的视觉习惯，创建出清晰和有序的可视化图表。

### 4. 风格和主题

风格和主题是设计可视化中的点睛之笔。好的风格和主题不仅能增强可视化的美观性，也能增强可视化的易读性和吸引力。风格是指可视化的整体外观，包括颜色方案、字体、线条样式等。主题是指可视化的背景和情境，可以是具体的场景，也可以是抽象的概念。风格和主题需要根据数据的特性和目标的需求确定，要选择较能表达信息和吸引注意力的风格和主题。

### 5. 交互性

考虑图表的交互性是提高用户体验的一个有效方法。交互性图表允许用户通过点击、拖动等方式与数据进行互动，这不仅增强了用户的参与度，还可以根据用户的需要展示更为细致的数据。

## （五）测试与反馈

测试与反馈是确保会计报表可视化成功的关键环节。通过与真实的目标受众互动，设计者可以更直接地了解设计的效果和用户的真实体验。不同的受众对于数据的识别和解读方式也可能存在差异，这就需要收集来自实际用户的反馈。另外，测试还可以帮助发现可能的技术问题，如某个图表在某些设备上加载缓慢或显示不正确。基于受众的反馈和测试结果，设计者可以及时调整设计，使其更符合用户的需求和习惯，从而确保可视化的最终效果能够准确、高效地传达关键信息。

## （六）发布与分享

发布与分享是会计报表可视化流程的最后阶段，也是其走向实际应用的关键步骤。选择合适的发布形式是至关重要的，因为不同的发布形式适用于不同的场合和受众。例如，纸质报告可能更适合正式的会议或审计，而网页形式则更适合需要实时更新或动态交互的场景。在发布和分享时，还需要考虑数据的安全性和保密性，确保敏感信息不被未授权的人员访问，提高其在日常工作中的实用性。

# 第七章 智能会计分析与决策体系的构建

在现代经济体系中，会计是为企业提供分析和决策支持的重要工具。随着数字技术的迅速发展，尤其是人工智能、大数据和机器学习等技术在各行业的广泛应用，会计分析与决策的路径也正经历着一场深刻的转型。这种转型旨在更高效、准确地为企业提供决策建议，从而帮助企业实现更好的经济效益。本章首先对智能会计分析与决策体系进行整体介绍，然后探讨了智能会计分析和决策支持库的建立，最后介绍了智能会计分析与决策模型及诊断体系的构建。

## 第一节 智能会计分析与决策体系基础

### 一、构建智能会计分析与决策体系的优势

#### （一）决策流程优化

在传统的决策模式中，大量的时间被消耗在数据收集、整理和手动分析上，导致决策周期长、反应速度慢。现代技术能够快速处理和分析海量数据，从而为决策者提供准确、及时的信息和见解。这意味着在面

对市场变化或业务挑战时，企业可以更迅速地做出决策并实施相应的策略。此外，算法的引入减少了人为误差，提高了决策的质量。这样的高效决策过程不仅提高了企业的运营效率，还使其在激烈的市场竞争中更有立足之地，可确保企业持续、稳健地向前发展。

## （二）支持个性化决策

在传统的会计分析与决策中，企业往往采取统一的决策模型，忽视了每个企业独特的经营环境和内部资源差异。而智能会计分析与决策体系正好针对这一短板进行改进。借助大数据和机器学习技术，智能会计分析与决策体系能够深度分析企业的运营数据，洞察企业的特定需求和特征，从而提供量身定制的决策建议。这意味着，不同的企业，甚至同一企业在不同的发展阶段，都可以获得与其实际情况相匹配的策略建议。例如，新兴企业可能需要重点关注流动资金和市场扩张，而成熟企业可能更注重成本控制和风险管理，智能会计分析与决策体系可以为这两者提供不同的决策支持。随着市场环境的不断变化，企业策略也需要及时调整，智能会计分析与决策体系能够实时感知这些变化并进行自我调整，确保决策建议始终与市场现状相适应。

## （三）降低成本、优化财会人员结构

降低成本、优化财会人员结构是智能会计分析与决策体系带来的直接益处。引入智能会计分析与决策体系后，许多日常重复的工作可以通过自动化工具和算法来完成，大大减少了人为操作的时间和成本。这意味着企业可以用更少的人力来完成更多的工作，从而实现人力资源的优化配置。与此同时，财会人员可以从烦琐的数据处理工作中解放出来，将更多的精力投入具有更高价值的工作中，如策略分析、业务咨询等。这不仅提高了工作效率，还有助于财务部门转型，使其从传统的账务处理部门转变为企业的战略合作伙伴。长期而言，这种人员结构的优化不仅可以降低企业的财务成本，还可以为企业创造更大的价值，助力企业的持续成长和发展。

## 二、智能会计分析与决策体系构建的原则

在构建智能会计分析与决策体系中，明确一系列核心原则是至关重要的，这些原则为体系提供了基本的操作和发展指南。为确保体系的实时性、准确性与高效性，需遵循四大核心原则：智能化原则、及时性原则、业财税管融合原则以及动态性原则。如图7-1所示。

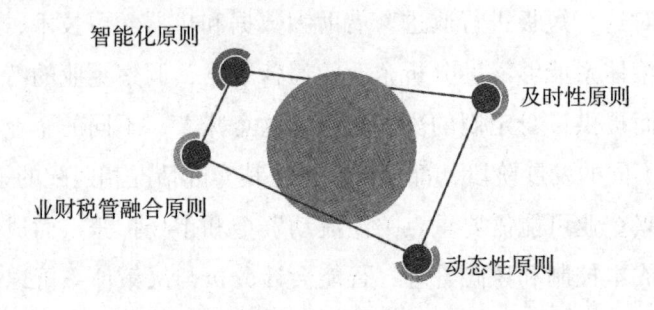

图7-1 智能会计分析与决策体系构建的原则

### （一）智能化原则

智能化原则意味着会计分析与决策要降低人在基础财务活动中的作用，依靠各种数据处理和获取技术使企业汇集海量的财务数据，同时依托实时分析提高数据处理的效率。在此背景下，人工智能的能力在数据挖掘和机器学习等领域得到了充分的体现，特别是在会计信息的生成、处理和决策环节。这不仅提高了数据处理的速度，还可确保决策过程更具智能化特性，减少了人为的主观偏见。同时，大数据技术对海量会计信息的分析也变得更为深入，尤其是能够处理各种类型的数据，包括低密度数据，弥补了传统集成分析中可能忽视的细节。基于云计算的大数据技术可通过特定技术手段进行数据整合，创建主题分类的管理数据仓库，进而在应用层进行高效操作。区块链技术通过其多层次结构，如数

据层、网络层、安全层等，结合智能合约，为会计信息的真实性和可信性提供了坚实的技术保障，实现了数据的充分共享。这些先进技术为智能会计分析与决策体系的构建奠定了坚实的基础。

## （二）及时性原则

在整个会计流程中，利用先进的智能技术能够实时掌握数据动态，确保每个阶段的财务数据得到充分的应用。通过智能决策辅助系统，不同时间点的数据得以有效抽取、汇总，为企业提供了坚实的决策依据。这有效解决了财务决策常常滞后于会计信息生成的问题。

## （三）业财税管融合原则

业财税管融合原则强调将会计决策与实际业务进行有机结合，打破传统会计决策的滞后性和与业务的脱节现象。因此，企业不仅需要推进业财的融合，还要在业务流程、会计核算流程和管理流程中实现有机连接。

业财融合原则的实现有两个核心要点。一是基于智能财务共享平台，企业能够利用电子化交易系统与供应商、客户实现无缝连接，同时在企业内部建立业务与会计信息流的通道。发票的电子化进一步将税务数据与交易紧密联系，将企业带回以交易管理为核心的运营模式。这种重构的流程不仅提高了交易的透明度、自动化程度和数据的真实性，还通过自动化系统实时完成了大量不增值的审核、结账等环节。这使财务人员从日常烦琐的工作中解放出来，更能专注于管理分析和风险监控等核心业务。二是在及时性原则的指导下，业财融合能够将企业在销售、生产、费用处理、税务处理等各流程中产生的数据贯穿始终。数据在生成的全流程中被实时追踪，每一步的处理都能自动映射到相应的决策体系中。智能会计分析与决策系统能够依据动态可调整的决策模型自动提取、汇总各类数据，确保决策效率的持续提高。

### (四)动态性原则

智能会计分析和决策体系需要提供动态性信息。这种动态性是基于收集信息的动态性、分析过程的动态性和生成决策建议的动态性决定的。

首先,信息的收集是动态性的、实时的。在整个会计体系中,所有会计信息都可以在智能技术的作用下随时生成和被收集,因此这个过程是动态性的。其次,信息的分析过程是动态性的。传统会计分析与决策体系基于期间报表形成相关财务指标,而随着信息收集的实时性和处理能力的增强,分析过程也可以基于实时收集的数据随时进行分析,并且可以尽可能地细化分析的过程。最后,生成决策建议的过程是动态性的。通过人工智能的自我学习功能实时抽取数据组成企业决策需要的各类报告并提供初步的决策支持信息,以便管理者进行高阶段的分析和决策。

## 第二节 智能会计分析和决策支持库的建立

在会计分析与决策的过程中,除了应该大量收集企业本身的数据外,还应该关注两个来源的数据,即市场竞争数据和宏观环境数据。基于此,本节构建三个决策库体系,借此对企业各类实际需要进行分析。

### 一、企业内部基础财务数据库

企业内部基础财务数据库,主要是从企业自身经营、管理出发,收集、保存所有的能够从企业内部提取的财务数据。企业内部基础财务数据主要包括以下几个部分。

### (一)基础资产、负债、权益数据

基础资产、负债、权益数据为企业财务状况的核心,详尽地揭示了企业的经济实力和运营健康度。企业的现金水平与各集团内部母子公司的银行存款变化直观地展现了企业的现金状况,为企业的即时资金配置和运营决策提供了关键指标。流动资产,包括存货、应收款项、应收票据和短期债权投资,反映了企业短期内的资金占用和财务流动性。固定资产的状态,如价值减损情况,是评估企业资产保值率和长期投资效益的重要依据。金融资产投资则揭示了企业在金融市场的表现,如持有风险的变动、预期收益及其对主业利润的影响。对于负债,它不仅展示了企业的融资策略,如短期与长期债务的比重、债务成本,还与所有者权益共同构成了资本结构,这一结构对于投资者和债权人来说,是判断企业财务健康度的关键。权益信息进一步深化了对企业财务状况的了解,其变动趋势揭示了企业在持续盈利和资本运作方面的策略和能力。

### (二)成本、损益类数据

成本、损益类数据直接反映企业的盈亏和经营状况。成本数据涵盖生产或提供服务所消耗的全部资源,包括原材料、人工、设备折旧、租赁费用等。损益数据则反映企业在特定期间的经济效果,主要由收入、成本和费用三部分构成。收入是企业出售商品或提供服务所获得的资金,而成本和费用则是产生这些收入所需要支付的金额。通过分析损益数据,企业可以了解其经营活动的盈利情况,确定是否需要进行策略调整或资源重新配置。为了提高决策的准确性,企业还应时刻关注这些数据的变动,及时发现和解决可能出现的问题,确保企业的持续盈利和稳定发展。

### (三)人力资源资产数据

人力资源资产数据脱胎于企业不可缺失的资本,但在传统会计核算中,人的价值往往被忽略或曲解。这种现象主要源于传统会计分析与决策体系难以评估人为企业带来的真实价值,只能通过工资来简单衡量。显然,仅用职工薪酬来看待人力资源是不够的。人力资源价值与员工为企业创造的具体价值紧密相连,受到培训、自我提升及职务变化等多种因素的影响。事实上，这种价值是一个综合指标，与员工的多种特性和外部条件紧密关联。但是，在智能会计分析与决策中，每位员工的具体贡献，如生产率、技术及管理水平提升等，都能被详细记录和量化。这些贡献直接关联到企业的整体生产和销售能力，从而影响边际效益。利用智能模型，考虑每个员工的边际贡献、自我学习和企业培训等因素，能更加准确地评估员工为企业带来的价值，这更符合资产价值的实际定义。这些宝贵的数据均可以从基础财务数据库中提取。

### （四）无形资产数据

无形资产数据反映了企业所拥有的能带来超额收益的资产，但这种资产在传统会计分析与决策体系中往往难以精准统计。尽管现有会计准则为无形资产设定了评价标准并制定了研发无形资产的准则，但由于其多元化和后果的不确定性特点，所创造的价值常常无法充分反映在企业价值体系里。再者，研发过程由研发部门与人员主导，且研发中的成本结构难以细分，这也成为无形资产评估中的难点。为了更合理地定价无形资产，应结合前期投入与后期经济效益的双重考量。智能会计分析与决策体系能精确捕捉企业在研发阶段的各类成本，如论证、实验、测试和小规模上市，这为无形资产的价值创造打下了基础。实际上，未来的经济收益才是决定资产价值的关键。因此，通过分析新技术产生的新产品收益以及获得的超额收益，可以判定无形资产或资产组带来的价值增益。这种基于过去数据的模拟估计大大提高了无形资产估值的准确性。

综上所述，企业内部基础财务数据库模型如图7-2所示。

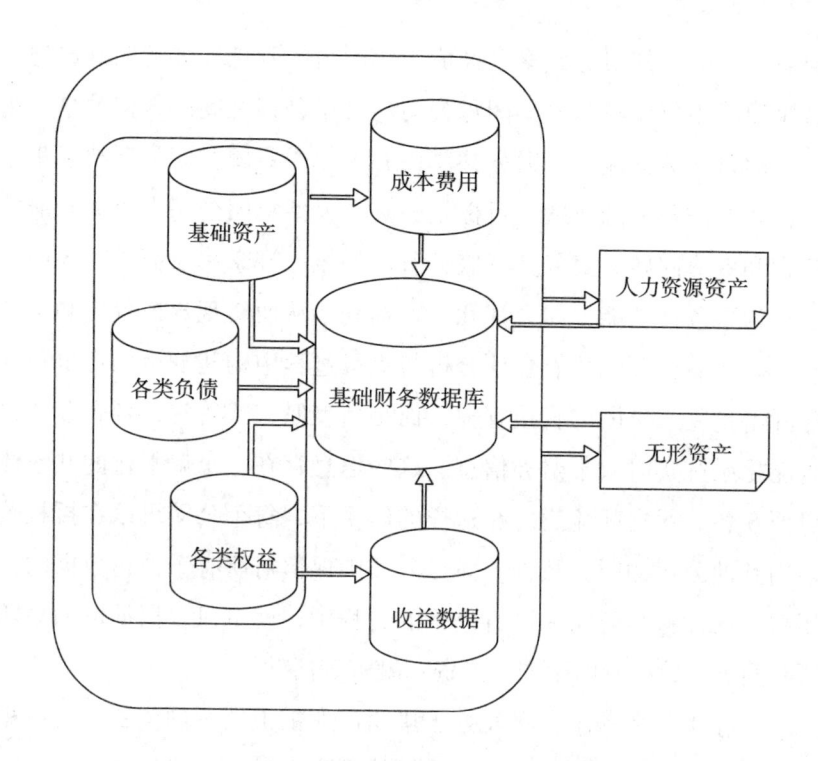

图 7-2 企业内部基础财务数据库模型

## 二、基于集团共享及企业间数据共享的市场竞争财务数据决策库

不同于传统会计分析与决策过程,智能会计分析与决策在关注企业的内部财务指标之外,应该基于财务共享的理念关注集团内部其他子公司的财务数据,以及能够获得的其他企业的财务数据。基于获得数据的难易程度,两种数据的详略程度是不同的。但是,这两种数据来源可以构建企业的市场竞争财务数据决策库。

### (一)集团内部数据库

集团内部的共享财务数据库在企业集团化发展中占据着越来越重要

的位置。企业内部财务共享已经成为集团财务管理发展的明确趋势。这种共享模式不仅仅意味着集团母公司与其子公司之间的数据共享，更涉及实时的财务数据流动。财务共享中心主要受集团控制，反映了集中式管理模式在财务上的实践，目标是解决在大型集团公司中财务职能的重复建设和效率问题。财务共享服务背后的核心理念相对简单：集中处理分公司的事务性功能，如会计和工资福利，从而实现规模效应和降低运营成本。然而，现代智能会计分析与决策过程中构建的市场竞争财务数据库并不是基于集团的直接管控，而是新型赋权式管理，各企业通过财务智能化系统实时收集财务信息。这些信息存在一个扁平化的共享体系中以便在各公司之间流通。在这样的体系下，每个公司可以在授权范围内访问其他公司的财务数据，而母公司则保留对所有子公司数据的完整使用权。这样每个公司在进行决策的过程中，就可以根据抽取的集团内部所有同类型数据判断生产、投资、融资等活动。

（1）在生产活动中，企业处于集团产业链上的不同位置，可以根据产业链上下游企业供货、生产和销售的进度来对自己的生产进度进行调整，同时根据成本信息确定定价及其他配套成本，更加完整地将自身的生产流程整合到整个集团的生产过程中。

（2）在融资活动中，通过集团财务共享，母公司可以全面了解各子公司的资金流转和资金状况，从而进行更加合理的融资决策。但要注意的是，子公司在不同地区或国家可能面临不同的经济环境和政策制度，因此需要根据当地的政策、税收和汇率等因素确定最佳的融资策略。财务数据共享帮助子公司做出更明智的融资决策，既保证了资金的合理利用，也确保了企业的健康和稳定发展。

（3）在投资活动中，子公司的投资决策不仅要基于自身的情况，还需要考虑集团公司整体的资源和投资效益。共享的财务数据为子公司提供了宝贵的参考，使其能够了解集团内其他类似项目的经营状况和投资回报。这种信息可以帮助子公司更加明确地评估投资机会，降低投资风险,并确保投资项目能够为企业带来最大的经济效益。

### (二) 企业外部数据库

企业在进行决策的过程中,往往需要参照其他企业的财务数据,这部分数据可以通过购买或者从网络获取的方法来获得。

结合前面的分析,企业市场竞争财务数据决策库的结构如图 7-3 所示。

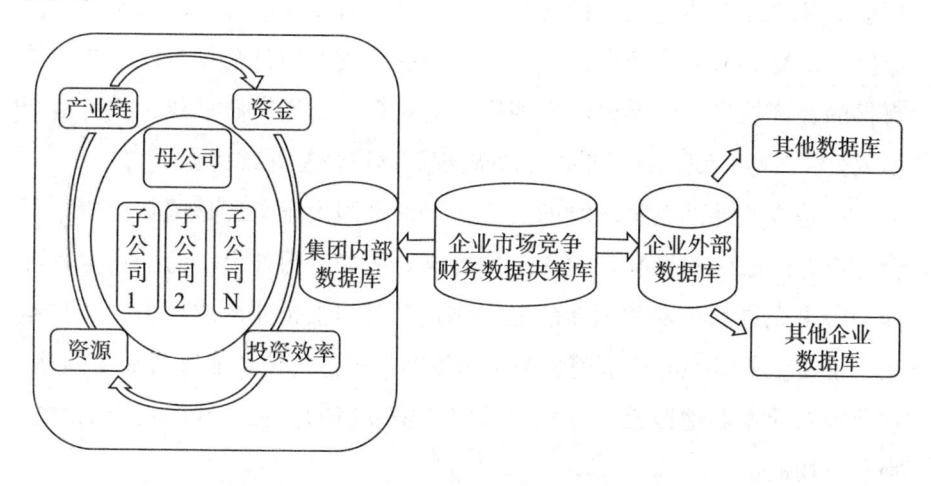

图 7-3 企业市场竞争财务数据决策库的结构

### 三、宏观经济环境决策库

宏观经济环境决策库是企业决策过程中的重要工具,专注于捕捉和整合企业外部宏观经济环境中的各种变量及其对企业的潜在影响。这些外生变量,如国家的经济政策、重大经济事件或全球经济趋势,都可能直接或间接地影响企业的运营和盈利能力。宏观经济环境决策库主要关注经济事件的变化,以便结合企业的生产过程提出预警。

一是重大经济政策变化,如产业政策调整和金融行业货币政策的修正,这些政策的调整可能导致企业的竞争和融资环境发生显著变化。例如，产业政策的变动可能导致某些行业受益，而其他行业则可能面临压力。同样，货币政策的变化，如利率的调整，可能会影响企业的融资成本和资金流。为了应对这种不确定性，企业需要积累相关数据，深入研究历史政策变化对各类企业的影响，为未来的策略调整和计划制订提供依据。

二是重大突发事件，如大型自然灾害或社会群体性事件，这些事件可能对某些经济体造成直接的损失，也可能引发连锁反应，影响全球供应链、市场需求或消费者信心。面对这些突发事件，企业不仅需要评估直接的经济损失，还需要研究相应的应对策略，如灾后重建、供应链调整或公关策略，以确保能够在危机出现后迅速恢复并维持竞争力。

三是企业外部竞争环境的变化，无论是国内竞争还是国际竞争，都会对企业的战略和运营产生深远的影响。例如，国外市场的新竞争者可能会带来先进的技术和创新的业务模式，对本土企业形成压力。而在本土，主要竞争对手的技术进步和市场策略也可能迫使企业进行战略调整。这要求企业不断地监控、分析并适应竞争环境的变化，确保自身的竞争力和市场地位。

## 第三节　智能会计分析与决策模型及诊断体系的构建

### 一、基于企业财务数据的分析模型

#### （一）智能企业偿债能力分析模型

企业偿债能力分析是对企业在特定时间内偿还其债务本金和利息的能力进行评估的一种方法。这种评估旨在帮助投资者、债权人、经营者和其他利益相关者了解企业在面临经济压力时的财务稳定性和健康状况。

通过这种分析,企业可以更好地了解长期财务风险,尤其是在经济不稳定或市场波动性增加的情况下。

传统的偿债能力分析通常依赖于财务比率,如流动比率、速动比率和债务到权益比率,以反映企业的短期和长期偿债能力。智能企业偿债能力分析模型则是通过应用先进的数据分析技术,如人工智能,对企业偿债能力进行更深入、更全面的评估。这种模型不仅仅依赖于传统的财务指标,还会考虑市场趋势、宏观经济因素、行业比较和其他相关数据,为偿债能力提供更全面的视角。例如,模型可以通过历史数据预测未来的现金流量,从而更准确地评估企业的未来偿债能力。这种智能模型的优势在于其能够适应不断变化的市场环境,为决策者提供实时、准确的偿债能力评估,从而更好地管理风险和把握投资机会。

### (二)智能企业周转能力分析模型

周转能力分析是一种评估企业如何有效地管理其资产以支持其日常运营的方法。这种分析侧重于如何将投入的资源或资产转化为销售收入,反映了企业的运营效率。例如,存货周转率是一种常用的指标,它描述了企业在特定时期内销售和替换存货的频率。较高的周转率可能意味着企业在管理其资产方面做得很好,而较低的周转率可能表明存货积压或销售放缓。

智能企业周转能力分析模型是一种结合先进数据处理技术和经典财务指标的方法,旨在更准确、快速地评估企业资产的运营效率。在利用这个模型时,首先要收集和整合企业的各项数据,包括历史销售、库存、应收账款和其他相关资产信息。其次,模型会通过机器学习算法对这些数据进行预处理和标准化,确保数据的质量和一致性。再次,根据这些数据,算法会自动选择和训练最佳模型,如神经网络或支持向量机,以识别和学习周转的复杂模式。一旦模型被训练完成,它就可以用来预测未来的周转表现,或识别可能影响周转的关键因素。最后,模型提供的输出，如预测的周转率、关键影响因素等，都会通过可视化工具呈现给决策者，以支持其进行更有根据的业务决策。整个过程都依赖于自动化的流程和算法，可确保分析的准确性和实效性。

### （三）智能企业盈利能力分析模型

企业盈利能力分析是一种评估组织在特定时间段内生成收入和利润的能力的方法。它旨在帮助投资者、管理者和其他利益相关者了解企业的财务健康状况和其在市场中的竞争地位。这种分析通常涉及多种财务指标，如净利润率、毛利率和营业利润率，以及其他与企业盈利相关的关键性能指标。评估这些指标可以更好地了解企业的盈利来源、利润结构和潜在的财务风险。盈利能力不仅仅是一个数字，还可以为企业提供关于其经营策略和市场表现的深入洞察。

智能企业盈利能力分析模型利用先进的数据分析技术，如机器学习和人工智能，为企业提供更深入、更广泛的盈利能力评估。利用这种模型的步骤如下。

第一，模型会从各种数据源中收集相关的财务和非财务数据。这些数据可能包括历史销售数据、市场趋势、产品定价策略等。

第二，通过算法进行数据的预处理和标准化，确保数据的质量和一致性。模型会自动选择适当的算法或框架，如决策树、随机森林或深度学习网络，以识别和捕获盈利能力的复杂模式。训练完成后，模型可以为企业提供预测，如未来几个季度的盈利趋势。

第三，该模型可以通过识别关键变量或因素，为企业提供改善其盈利能力的策略建议。这种智能化的方法不仅提高了盈利能力分析的准确性，而且能帮助企业做出更明智的策略决策。

### （四）智能企业成长性指标分析模型

企业成长性指标分析是一种评估组织在一段时间内扩展业务和提高

收入的能力的方法。这种分析关注企业的长期健康和可持续发展的潜力。成长性指标,如年度收入增长率、市场份额变化和新产品引入的频率,为投资者、管理者和其他利益相关者提供了对企业未来表现的洞察。这些指标反映了企业的战略方向、市场机会和内部运营效率。

智能企业成长性指标分析模型结合了机器学习、人工智能和深度数据分析的方法,为企业提供更精确、更细致的成长性指标评估。要利用这个模型,首先需要从多种内部和外部数据源收集关键数据,如历史销售数据、行业报告、市场研究和消费者趋势。这些数据随后经过预处理,以清除异常值和噪声,并进行标准化以适应分析模型。然后,模型将选择合适的算法,如神经网络或时间序列分析,以学习和识别成长性指标的模式。经过训练后,该模型能够预测企业未来的成长趋势,并识别可能影响成长的关键因素。这些洞察可以直观地通过可视化工具展示,为决策者提供有关如何最大化企业成长的具体建议。

## 二、智能企业会计决策诊断模型

会计决策为管理层提供高质量的决策依据,而最终的管理决策是由人做出的,因此智能会计体系可以根据预先设定好的模型进行前置性分析,同时给出风险诊断建议,并且在机器学习和人工智能的作用下不断地进行自我修正,以达到更好的效果。下面介绍几种智能企业会计决策诊断模型,企业可以利用这些模型形成判断企业成长性的综合报告,以达到智能企业会计决策的最终目的。

### (一)经营性质量诊断模型

企业的经营能力和获利能力作为企业所有经济利益的来源,对企业的长期健康和稳定发展起着决定性作用。对企业经营性的评价,主要从利润产生能力维度进行。

在企业的经营过程中,对收入和成本的确认显然是衡量经营成果的关键。结合新收入准则的确认，企业需要在各个履约义务点确切地确认收入，以保证收入的准确性和及时性。这不仅关乎企业财务报告的真实性，也直接影响到投资者和其他利益相关者的决策。但仅仅确认收入是不够的。在不同的收入获得时点，企业所产生的成本也需准确衡量。这需要一个综合性的、能够全面捕获所有相关信息的诊断模型。这样的模型可以通过先进的数据技术，如大数据分析和机器学习，直接调用企业经营及营运资金等数据库的数据。这种实时的、基于数据的方法能够确保诊断的准确性和及时性，提供真实、完整的经营性质量的画像。

如图 7-4 所示，一个完善的经营性质量诊断模型应包含一系列关键指标，这些指标从不同的维度揭示企业的经营和获利能力，为企业提供关于其经营性质量的全面视角。该诊断模型修正了以往对于经营能力中利润产生能力评价的滞后性，由于是实时抽取数据，月度指标可以做到动态输出，并且可以根据收入和成本、费用的对比实时分析收入中成本费用的占比，提高经营决策和成本控制决策的准确程度。

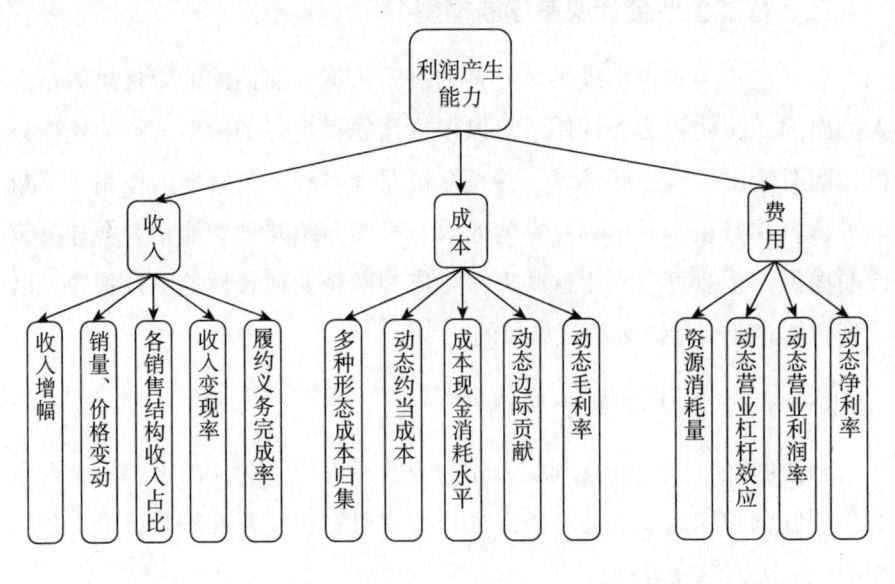

图 7-4  经营性质量诊断模型

## （二）智能投资活动诊断模型

投资活动是企业非流动资金的核心使用领域，与其长期发展战略紧密相连。这些活动涉及广泛的领域，从固定资产投资、技术研发投入，到金融资产投资、企业并购，再到新兴投资如环保支出等。由于投资活动的长周期、高不确定性和巨大的潜在收益，它同时带来了相应的风险，可能导致企业遭受潜在的损失。因此，作为智能会计决策的核心，财务投资活动诊断体系在智能诊断体系中占据举足轻重的位置。

针对投资的独特性，智能投资活动诊断模型的构建需要重点考虑以下几个问题。

### 1. 项目未来收益的变化趋势

传统的项目投资预算评估工具，如 NPV、IRR，经常受到未来数据获取能力的限制，导致评估基于历史数据而可能出现偏差。智能投资活动诊断模型能够利用经营数据库的销售收入、成本费用数据以及投资分析数据库的数据，对项目的各种固定性投资进行追踪，从而动态确定项目的现金流变化，并根据变化趋势进行滚动式的未来现金流预测。

### 2. 项目风险的动态分析

项目投资的风险评估需要对企业的债权收益率和权益收益率进行持续监控，以及对企业的信用状况、资本市场风险收益、企业股东权益和资本结构的变化进行动态匹配，以实时调整项目评估的折现因子。

### 3. 投资组合的风险分析

风险资产投资的投资组合构建是一个复杂的任务，需要对每一种投资品种的成长性、风险性和财务绩效进行评估。通过机器学习和财经数据库，企业可以构建动态的投资组合调整模型，实时分析投资组合的期望收益和风险水平，从而为企业提供更稳健的风险投资建议。

智能投资活动诊断模型涉及的内容较多，具体如图 7-5 所示。

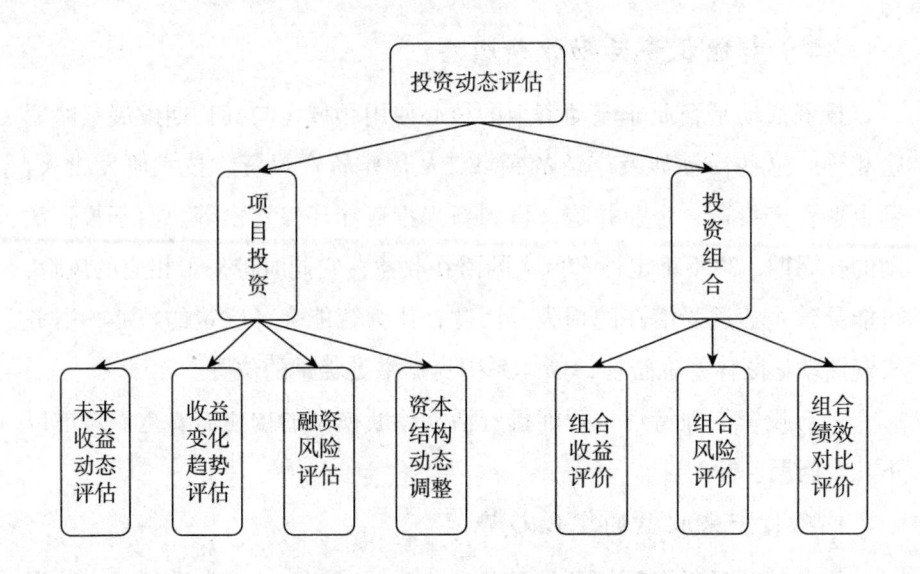

```
                    投资动态评估
                   /            \
              项目投资          投资组合
           /   |    |    \      /   |    \
        未来  收益  融资  资本  组合  组合  组合
        收益  变化  风险  结构  收益  风险  绩效
        动态  趋势  评估  动态  评价  评价  对比
        评估  评估        调整              评价
```

图 7-5　智能投资活动诊断模型

## （三）流动性诊断模型

企业在经营过程中的资金流动性，代表着其偿债能力的大小。某些企业由于现金流转问题而经营困难，进而破产。因此，实时监测企业的流动资金数量及其与到期债务的匹配至关重要。流动性诊断模型主要结合经营性数据、企业债务数据以及融资情况数据进行综合分析，具体如下。

1. 资产变现及抵押价值检测指标体系

考虑到流动性主要取决于企业迅速获取现金以偿还到期债务的能力，这部分的指标体系应涵盖现金存量监控、日平均现金消耗量、大额现金消耗量、流动性金融资产公允价值变动及收回时限长短、应收账款额度及到期日监控、存货市场价格监控及存货市场需求量监控等。而非流动资产，如固定资产，虽不能即时变现，但可被用作抵押获取短期融资，因此需设立固定资产抵押价值变化监控指标。

### 2. 企业债务指标

负债及其资金成本是企业面临流动性问题过程中直接需要考虑的要素。流动负债组成成分复杂，并且涉及银行信用、商业信用、内部信用和政策信用等多个体系，需要对这些因素进行综合考虑。而长期负债由于还本的时间较长，因此更多的是对利息等融资成本的考虑。因此，应该对各类负债具体制定监控指标来衡量流动性风险。具体来说，相关指标应覆盖短期银行贷款的到期期限和额度变化、应付账款和应付票据的到期期限、内部应付职工薪酬等内部资金的支付需要、应付税款动态分析等。

### 3. 融资指标

为规避和诊断流动性风险，资金偿还与获取需要匹配。也就是说，企业需根据上述指标选取能够带来资金的因素，与资金刚性需求的指标结合，通过大数据分析进行动态匹配。这样可以确定偿还的优先级和企业的短期融资需求。此外，还需要结合企业的融资战略，观察是否需要通过长期负债融资，或者将其纳入未来的负债偿还计划中。

基于上述分析，可以将这些指标进行动态管理、阈值管理，并且通过机器学习进行流动性预警的优化，结合企业的特点，自动优化阈值。

### （四）企业整体成长及建议报告

在对企业的财务状况进行综合分析后，结合 AHP（层次分析法）和专家打分法对各项指标进行层析评估是很有必要的。通过这种方法，可以确定各层指标的权重，并进一步实现权重的动态调整，这通常通过自动匹配不同专家的打分来实现。这种权重分析可以指引出企业整体需要关注的财务预警区域，并结合其他企业的经验形成初步的会计分析报告。这样的报告可供企业管理者参考，帮助他们进行更深入的会计分析。目前，软件技术为动态分析和报告实时输出提供了巨大的便利。借助软件技术进行动态分析和报告实时输出，企业管理者可以即时掌握企业的财务动向，并且将流动性风险、投资风险等企业重要的传统会计分析中滞后且不可控的影响要素进行前置，为会计决策提供更加可靠的数据，进而提高会计决策的效率。

# 第八章　基于会计智能化的企业组织架构创新

随着技术的快速发展，尤其是会计领域的智能化应用，企业组织架构的创新已成为保持竞争优势的关键。本章首先介绍了企业组织架构的基本概念、作用以及发展趋向，然后分析了基于会计智能化的企业组织架构构建策略，最后结合实际案例进行了分析。

## 第一节　企业组织架构概述与发展趋向

### 一、企业组织架构的概念

组织架构是企业内部的流程运转、部门设置、职能规划等组成要素相互作用的联系方式。组织架构的组建是为组织战略目标服务的，同时又为组织的岗位职责、管理制度、流程系统提供更加合理的前提条件。组织架构本质上反映了组织成员之间的分工协作关系。

企业设置组织架构的目的是更加合理有效地把成员组织起来形成合力，使成员将组织的目标与个人目标统一起来。

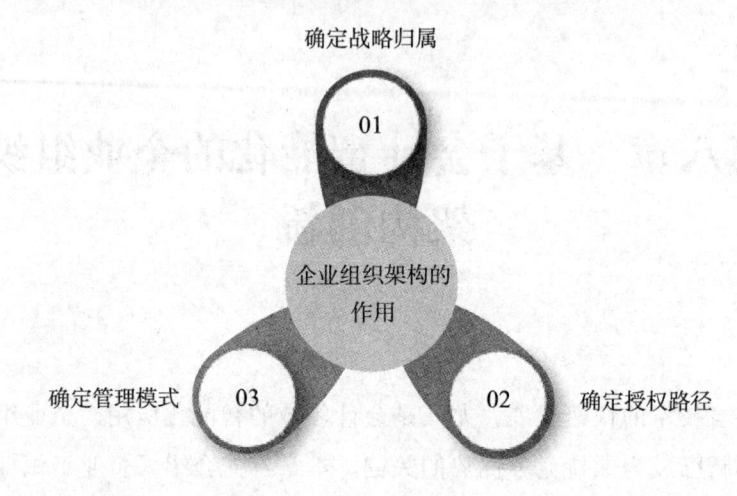

## 二、企业组织架构的作用

企业组织架构的作用主要体现在三个方面,如图 8-1 所示。

图 8-1 企业组织架构的作用

### (一)确定战略归属

企业战略确定之后通常会以目标的方式呈现,每个战略目标需要一个相应的部门来承载,这样可以确保资源得到合理分配,并专注于目标的实现。例如,当一个企业提出人才战略时,其背后需要有一个专门的部门——人力资源管理部,此部门负责人才的招聘、培训和管理等相关工作。同理,市场战略通常由市场营销管理部来实施,此部门对产品的推广、市场的拓展等活动进行管理和执行。而对于资金战略,则财务管理部承担着重要的角色,负责资金的筹集、使用和监控,确保企业的财务健康。通过发挥相应的企业组织架构的作用,企业可以明确战略目标,高效利用相关资源。

## （二）确定授权路径

在标准的组织架构中，企业战略是由董事会决定的，一旦战略确立，董事长便负责将这一战略方针传递给总经理。在这个过程中，总经理起到了桥梁的作用，他需要将战略细化为具体的工作任务，并进一步授权给各个部门的负责人执行。这种从上到下的授权流程确保了战略方针的连贯性和一致性，同时明确了每个级别的决策权和责任范围。组织架构的存在，使得这一授权路径更加明晰和有序，各级管理人员能够清晰地了解自己的角色和职责，从而使整个组织高效、有序地运转，确保战略目标得以实现。

## （三）确定管理模式

组织架构实际上就是对管理模式的明确表达。例如，在集权管控的管理模式中，决策权集中于少数核心领导，这往往在架构中体现为中央化的决策结构。相反，分权管理模式则鼓励决策权下放，更多的决策由部门或团队自主完成，这在组织架构中往往表现为分散的决策节点。同样，垂直管理模式强调每个部门或团队按照自己的职责独立工作，而交叉管理模式则鼓励跨部门、跨团队的协作和沟通。这些管理模式的选择将直接决定组织的效率、灵活性和适应性。因此，根据市场需求、企业文化和战略目标选择合适的管理模式，并在组织架构中进行明确，是确保企业成功的关键。

## 三、会计智能化背景下企业组织架构的发展趋向

传统的"金字塔"式组织架构注重对物质资源要素的合理配置使用，有管理幅度小、管理层次多的特点，可满足当时工业社会企业组织的管理需求，如图8-2所示。在互联网、大数据等技术的依托下，传统的企业组织架构受到了严峻挑战。为提高工作效率，增强核心竞争力，企业组织必须适应企业生存环境的巨大变化，大力开展组织架构变革。

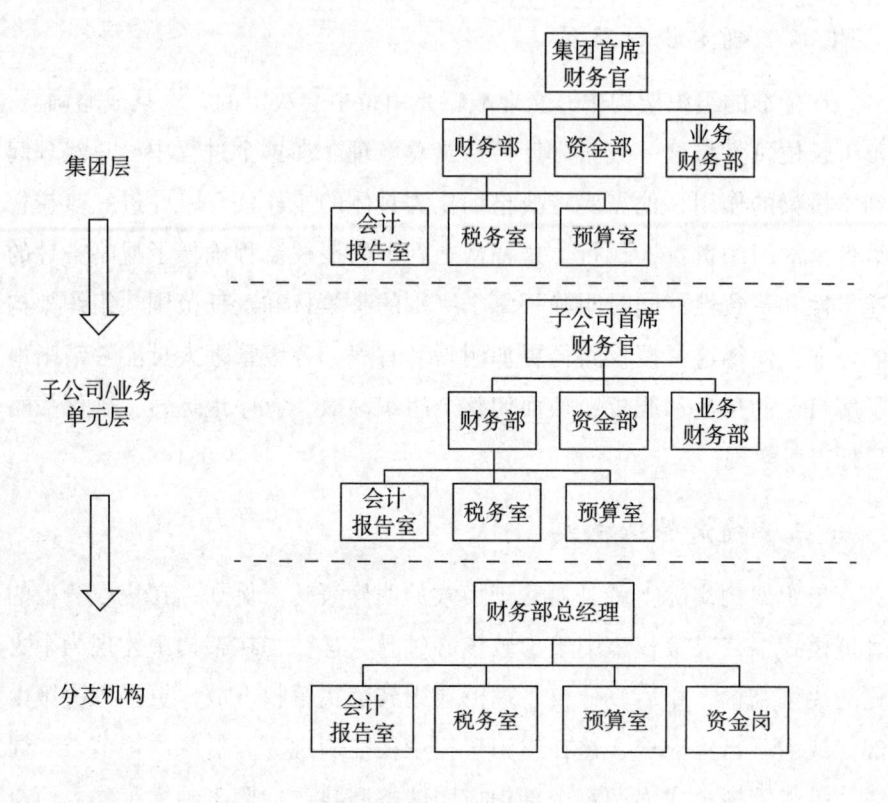

图 8-2 传统的"金字塔"式组织架构

## （一）平台化

在信息化时代背景下，市场的快速变化促使企业追求更高的反应速度和市场信息处理能力。随着信息处理技术的进步，信息的收集、传递和处理速度得到了极大的提高。计算机网络系统逐渐替代了传统组织架构中的中间管理层级，担负起沟通、协调和控制的核心职能。这种变化不仅促使企业从命令式沟通转向协商式沟通，而且缩短了高层管理人员与基层员工之间的信息传递距离。这种直接的沟通方式重新定义了企业内部的工作分配，突破了传统的管理跨度限制，使得高层管理人员可以直接对基层员工进行工作指导和监控。如今，国内众多企业在优化组织架构时都着重于构建平台型组织，以应对当前复杂多变的市场环境。

1. 平台化架构的概念

在以大数据、人工智能等技术为基础的智能时代，企业如何捕捉客户不断变化的新需求并对此快速做出反应，生产出满足客户不断变化的需求的产品，成为企业生存的关键。平台化架构正是基于互联网时代而出现的充满活力的新型结构，它以消费者为中心，收集大数据产生的海量信息，并给予员工充分的管理自主性，在短时间内充分整合信息和现有资源，灵活应对外部变化。平台化架构有着明确的不同于传统组织架构的专业性、开放性等特征。

2. 平台化架构的特征

（1）专业性。在平台化架构中，专业化体现在对不同业务层级的明确划分与角色分工上。基于中台资源层、前台创业层、平台治理层的基本架构，每个层级都有其特定的职责和目标。中台资源层负责整合企业内外的资源，作为资源的中心库，随时为前台提供所需的支持。前台创业层具有高度的敏捷度，迅速响应市场的变化和需求，推出符合市场需求的产品或服务。平台治理层则起到了战略规划的作用，确立平台的存在意义、价值观和远景目标。此种专业性确保了企业资源的智能配置，每一层都有明确的权责分配，从而确保资源被高效、有序地使用。有效利用资源不仅提高了企业运行的效率，还大大减少了不必要的成本开销。在此架构下，员工在明确的职责范围内可以更好地展现其专业技能，进一步激发工作热情和创新能力。

（2）开放性。平台化架构的核心特征之一是开放性。源于互联网的特性，它打破了传统业务模式中的物理边界，实现了资源、信息和服务的广泛共享与整合。与传统的农贸市场等交易场所相比，这种新型的开放式平台不再受到物理范围和规模的限制，而是能够依托技术的力量，实现用户、数据和服务的指数级扩展。这种开放的特性使得平台能够吸引大量的买家和卖家，形成强大的双边网络效应，带来了前所未有的商业价值。这种无边界的开放性也使得企业能够即时获取和处理大数据，通过各种决策终端进行数据收集、运算和分析。这不仅提升了企业决策的速度和准确性，而且为企业运营提供了稳定的数据支持，确保在快速变化的市场环境中，企业能够准确捕捉市场动态，快速做出反应，从而保持竞争优势。

### 3.平台化架构的构建

目前，平台化架构在国内企业中大规模应用，还没有形成成熟的理论，但通过对现有构建平台型组织的企业进行总结分析，发现基本结构的构建需要满足三点，如图 8-3 所示。

图 8-3 平台化架构的构建策略

（1）去中心，权力下放。在传统的科层型组织中，权力通常集中在组织的最高层，决策过程较为缓慢且远离真实的市场动态。平台化架构提出了去中心化的理念，意味着将权力从组织的中心转移到一线员工，这样的权力下放策略使决策过程更加迅速、直接，更能贴近客户和市场的真实需求。而后方的支持团队和部门不再仅仅是命令和指示的发布者，而转变为为一线提供所需支持的角色，保证一线员工能够获得必要的资源和信息。

（2）团队集成，打造敏捷前端。平台化架构要灵活应对时刻变化的消费者需求，在充分放权基础上形成组织的高效执行力。如××公司员工在和客户沟通时,组成的"客户经理、解决方案专员和交付专员"三人小组,就是"铁三角"的原始模型。未来应以项目为中心组成小团队,再延伸到以客户为中心建立流程和职位,加入更多的角色,形成更多的"铁三角"。原来一个客户经理对客户,层层上报,内耗非常大,在"铁三角"模式下,三人组成一个小团队,直接对客户负责,团队拥有极大的自主权,团队内的每一个成员都能够实现自身的高度自治,同时与其他成员交流合作,成员之间有非常好的互动,可以创造尽可能大的价值。

(3) 去边界,整合开放资源。组织边界虽然为部门或整个组织创造了稳定的内部环境,但封闭性却阻碍了内部的沟通效率,限制了对外部资源的整合能力。面对多变且多样的客户需求,企业必须具备迅速适应和响应的能力。因此,企业需要树立开放和融合的发展观念,如采用业务外包方式,吸引外部的优质资源,以及推进企业间的协同合作。在智能会计的组织架构中,特别是成长阶段的企业,应依托职能配合策略增进部门间的合作,创设价值模块,进而实现内部边界的横向打破。对于已达到成熟阶段的组织,可以通过业务这条纽带,在行业链的上下游进行资源整合,从而形成完整的价值体系,推动组织在垂直领域的延伸,进而全方位地拓展边界。

## (二)柔性化

### 1. 柔性组织的概念

在工业经济时代,企业所面临的外部环境较为稳定,为了简化管理,企业强调组织架构的稳定性,以塑造出一种刚性的组织架构和制度体系。这种刚性组织在大规模工业生产中曾展现出其高效率和低成本的优势,特别是在市场供需关系相对固定的情境中。然而,随着经济的发展和外部环境的快速变化。因这种刚性的、稳定不变的组织形式无法灵活地适应变动频繁的宏观环境,开始显现其不足。于是,为了应对这种外部的不断变化,企业组织逐渐向柔性化转型,以满足新时代的需求和挑战。

柔性的概念最早起源于柔性制造系统，被定义为生产系统适应变化的环境或环境带来的不稳定性的能力。所以，组织的柔性化是指在一个组织内部具有的参与环境变化，并对环境带来的不稳定性不断做出反应的能力，以便可以适时根据可预期变化的结果迅速进行调整。

2. 柔性化组织的特征

柔性与弹性、灵活性、适应性、多样性、变化性的意义相近，柔性化组织的基本特征主要表现为以下几点。

（1）弹性领导关系。这种组织模式下的领导关系不再是固定不变的，而是经常出现变动和调整，以确保组织能够灵活应对各种不确定的外部变化。这种领导关系的弹性增强意味着，在特定的环境和情境下，组织可以迅速调整其领导策略和模式，以适应新的挑战和机会。

（2）决策权分散。柔性组织竞争能力的获取在很大程度上依赖于全体成员的聪明才智与创造力的发挥。因此，柔性组织必然强调组织的每个员工或每个团队能够独立进行组织的经营决策，承担管理任务，并自动连接形成一个完整的价值链系统，最终达成组织的目标。这就要求组织的各种生产和经营权力必须下放到基层，让每个员工或每个团队获得独立处理问题的能力，以应付各种突变情况和适应各种变化。

（3）横向沟通增多。横向沟通增多是柔性组织对迅速变化的市场的适应策略。市场的不稳定性经常带来复杂且难以预测的问题，这些问题不易仅通过特定的专业职位来处理。相反，解决这些问题经常需要多个部门或职位的协同努力。责任、职能、权力和工作方法往往并不是固定不变的，而是需要根据实际情况进行协商和调整。由于这些因素，各部门和岗位之间的任务和职责分工往往较为模糊，需要经常通过横向沟通来明确和调整。这样的沟通方式确保组织可以灵活地应对各种市场变化，同时提高了组织内部的协作效率。

（4）结构网络化。在国际互联网、综合服务数字网和其他高速信息网络的推动下，组织不再受限于传统的空间界定，而是进入计算机网络时代。这种变革让企业的反应速度变得尤为关键，因为信息可以几乎瞬间在全球范围内传播。在这样的网络结构中，每个员工或成员都成为一个独立的节点，与其他节点相互连接，形成一个高度互联的、灵活的网络共同体。这种结构不仅提高了组织的信息流通效率，还增强了其对外部变化的适应能力。

（5）自适应性增强。为了能够在激烈的市场竞争中生存与发展，企业必须强调和重视构成组织的各个要素及其组成方式与环境变化同步的受动性。柔性组织的建立就在于不断追求知识结构的扩张、变革能力的增强。在依托于企业价值链整合和核心竞争力形成的基础上，柔性组织极其强调其自适应性的提高，即自我调整、自我控制能力的提高，使组织成为一个善于学习、不断创新、具有完善的反馈控制回路与强大再生能力的组织，不断增强其创新与竞争能力，从而使组织能够适应经济变革和内外部环境的动态变化。

3.柔性组织的优势

柔性组织的优势如图8-4所示。

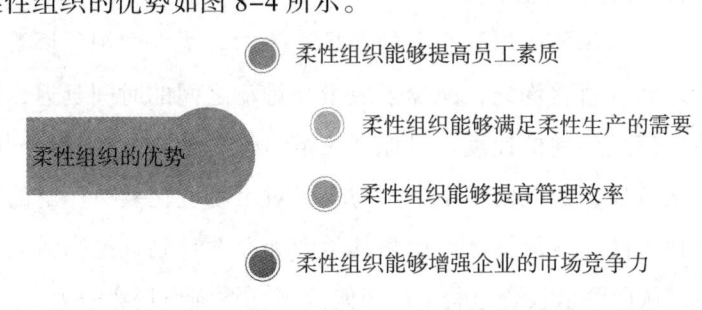

- 柔性组织能够提高员工素质
- 柔性组织能够满足柔性生产的需要
- 柔性组织能够提高管理效率
- 柔性组织能够增强企业的市场竞争力

图8-4 柔性组织的优势

（1）柔性组织能够提高员工素质。柔性组织追求人与人、人与组织之间的彼此协调，但其灵活性的实现基于员工素质较高及临时团队的总体素质较高。因此，柔性组织必然强调组织及其成员的共同学习与知识共享，完成个人心智的转变与能力的塑造，培养、塑造、发展、提高人的素质。

（2）柔性组织能够满足柔性生产的需要。柔性组织能使企业大大加快信息流转速度，迅速调整人力、物力资源，把在不同领域工作的具有不同知识和技能的人集中于一个特定的动态团体之中，共同完成某个特定目标，满足柔性生产的需要。同时，柔性组织有利于成员之间相互了解和取长补短，使各个成员在从总体上把握工作内容的基础上，能够密切合作，及时解决问题，从而有利于企业内部的业务流程和管理流程进一步合理化，促进技术改进，缩短生产周期，带来生产效率和效益的全面提高。

（3）柔性组织能够提高管理效率。柔性组织呈现出网络化和简单化的特点，改善了信息交流、作业协作和知识学习状况，也改变了传统工业社会中企业的信息传递方式，这就使管理层中减少了中层管理的层次，促使"金字塔"式信息传递方式逐渐向网络化通信方式演变成为现实。中间管理层的减少，不仅能够节省大量管理成本，而且能够扫除信息沟通障碍，有效提高管理效率。

（4）柔性组织能够增强企业的市场竞争力。柔性组织强调管理者与被管理者之间的直接沟通，减少了决策与行动之间的时间延迟，加快了指令下达、信息传递的速度，可保证决策与管理的有效执行。同时，由于管理层次减少，柔性组织中个人与小组对市场变化及更广泛的任务要求反应更快，使企业能够随时调整其生产和经营计划，提高适应市场环境的能力，从而降低投资过程中的风险成本，增强市场竞争力。

## 第二节　基于会计智能化的企业组织架构构建策略

合适的组织架构，对内能够加强会计智能化水平，促进会计核算、会计分析与预测的智能化，减少人工操作，降低误判和漏判，有效释放财务人力，提升企业整体运营效率和可靠性；对外主要针对战略决策和业务的展开，支持企业业务拓展，并在资本市场上发展，为企业和顾客创造价值。在会计智能化背景下，企业可以由上而下构建战略决策中心、综合管理中心、智能会计中心三大中心，如图 8-5 所示。

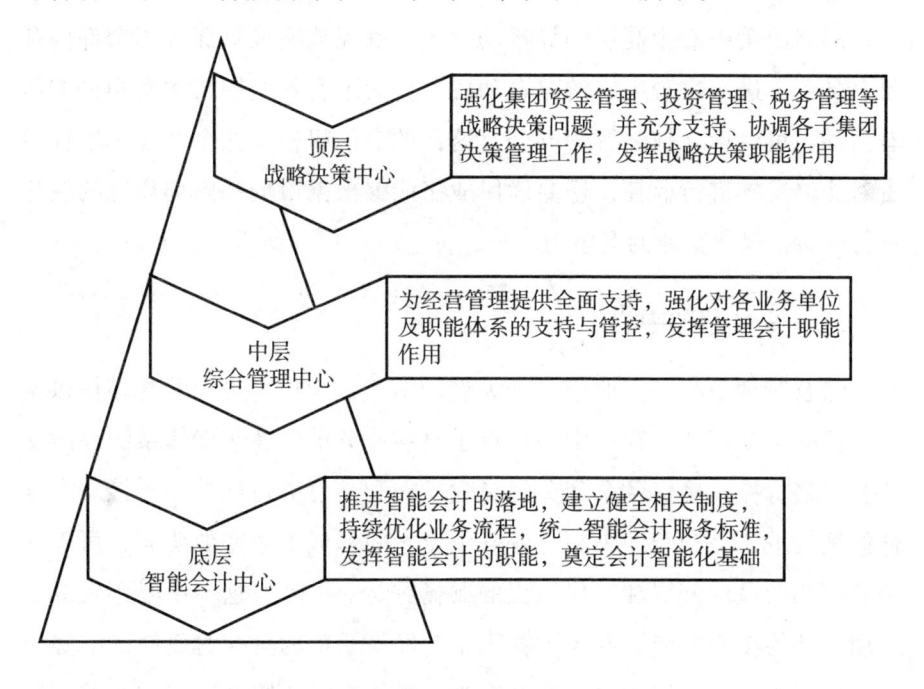

顶层 战略决策中心：强化集团资金管理、投资管理、税务管理等战略决策问题，并充分支持、协调各子集团决策管理工作，发挥战略决策职能作用

中层 综合管理中心：为经营管理提供全面支持，强化对各业务单位及职能体系的支持与管控，发挥管理会计职能作用

底层 智能会计中心：推进智能会计的落地，建立健全相关制度，持续优化业务流程，统一智能会计服务标准，发挥智能会计的职能，奠定会计智能化基础

图 8-5　会计智能化背景下的企业组织架构

## 一、战略决策中心

战略决策中心在企业中扮演着至关重要的角色，特别是在资金管理、投资管理以及税务管理等核心领域。它起着集团整体资金流动的宏观调控作用，可确保资金的高效利用，同时评估投资机会，保证投资活动与总体战略目标相一致。在税务管理方面，战略决策中心着重于优化税务策略，确保公司遵守各地税务法规，同时寻求合法的税务优惠，从而使

集团利润最大化。除此之外，战略决策中心还要与各子集团紧密合作，提供必要的支持并协调它们的决策管理工作，确保所有决策均与集团的总体战略保持一致。通过这样的方式，战略决策中心不仅确保了集团战略的顺利实施，还增强了整体的运营效率和市场竞争力，真正发挥了战略决策职能的核心作用。

战略决策中心由高层领导推动变革，确保战略能够深入每个部门和每名员工，进而实现组织的整合和统一。为了有效监控与战略相关的所有活动，可以设立战略管理办公室这样的专门机构。这个办公室不仅负责对战略实施进行监控，还要确保战略能够根据市场和内部环境的变化进行调整，保持企业的竞争力。

## 二、综合管理中心

综合管理中心是企业中一个关键的枢纽，承担着为经营管理提供全面支持的重要任务。这一中心着重于对各业务单位及职能体系的深度支持与严格管控，确保各个部分的高效运作和与总体目标的一致性。在这样的框架下，综合管理中心与业务单位之间形成了紧密的协同，可确保企业资源的最优配置和工作流程的顺畅进行。另外，这一中心还发挥着管理会计的核心职能，提供了关于企业经济活动的具有时效性的准确信息，帮助企业领导层做出明智的决策。具体来说，综合管理中心的职能如图 8-6 所示。

| 提供资源配置 | 决策支持 | 成本管理 | 风险控制 | 绩效评价 |
|---|---|---|---|---|
| 财务、税务<br>投融资<br>流程优化 | 战略匹配<br>规划匹配<br>风险收益 | 预算编制<br>立项管理<br>预算执行 | 事前预测<br>事中监督<br>事后评价 | 财务分析<br>经营分析 |

图 8-6　综合管理中心的职能

### 三、智能会计中心

许多企业曾尝试通过建立财务共享中心来实现组织变革，期望通过标准化、流水线作业模式来集中处理会计工作。尽管这种模式在某些方面带来了一定的效益，但在实际应用中存在许多问题，如人员与成本的增加、报表不能及时完成等，使其难以满足企业在规划、决策和价值创造方面的需求。

业财税管深度一体化的智能会计中心是传统会计在"互联网+"时代转型的结果，其本质是基于新一代信息技术，实现对企业更广泛业务（从记账、算账到报账、采购、税务等）的数字化，并对企业财务体系、业务流程、商业模式进行颠覆性升级。

#### （一）智能会计中心架构

基于业财税管深度一体化的智能会计中心以传统财务共享为出发点，将共享从传统财务会计的记账、算账领域向采购端和税务端进行延伸，智能技术引擎则作为技术支撑贯穿于整个流程，如图8-7所示。

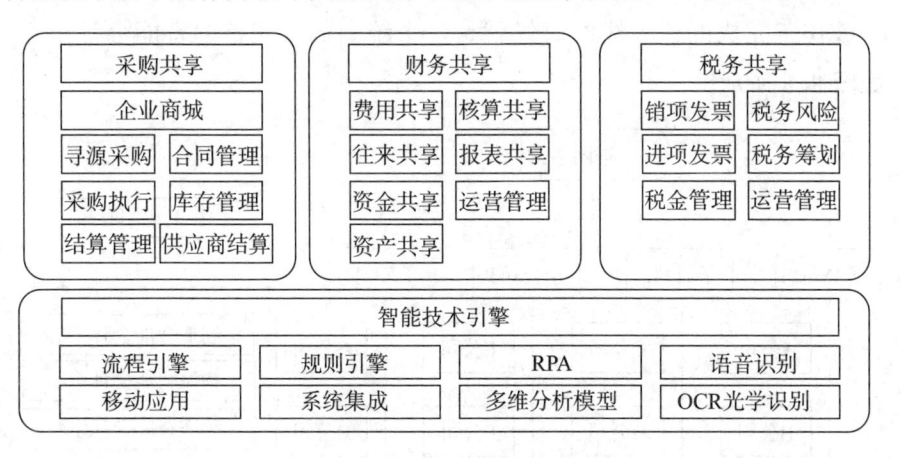

| 采购共享 | | 财务共享 | | 税务共享 | |
|---|---|---|---|---|---|
| 企业商城 | | 费用共享 | 核算共享 | 销项发票 | 税务风险 |
| 寻源采购 | 合同管理 | 往来共享 | 报表共享 | 进项发票 | 税务筹划 |
| 采购执行 | 库存管理 | 资金共享 | 运营管理 | 税金管理 | 运营管理 |
| 结算管理 | 供应商结算 | 资产共享 | | | |

| 智能技术引擎 | | | |
|---|---|---|---|
| 流程引擎 | 规则引擎 | RPA | 语音识别 |
| 移动应用 | 系统集成 | 多维分析模型 | OCR光学识别 |

图8-7 智能会计中心架构

## （二）智能会计中心的建设模式

智能会计中心有多种建设模式，可根据企业自身发展需要、企业发展的不同阶段选择不同的模式。智能会计中心建设强调的是管控组织和共享组织双维度。管控组织是相对刚性的，而共享组织是服务组织，是相对柔性的，可以根据企业的特点来调整。智能会计中心可以作为集团总部财务部下属的独立业务单元，也可以设置成与财务部门并列的部门，可根据企业对智能会计中心的定位设定不同的组织模式。结合国内大多数集团企业的经验，智能会计中心的建设模式可以分为四种：集中模式、产业模式、区域模式和项目模式。

### 1. 集中模式

集中模式是指在集团层面上构建一个完全集中的智能会计中心，为整个集团提供服务。由集团总部牵头并主持智能会计中心的建设，各项具体工作也由集团来统筹完成。集团总部进行智能会计中心的整体规划，组织并负责实施推广。集团内的各业务单元在集团总部的统一领导下，全力配合智能会计中心的建设工作。因此，智能会计中心的建立往往是一鼓作气完成的，上线的时候就是一个统一的、完整的智能会计中心，如图8-8所示。

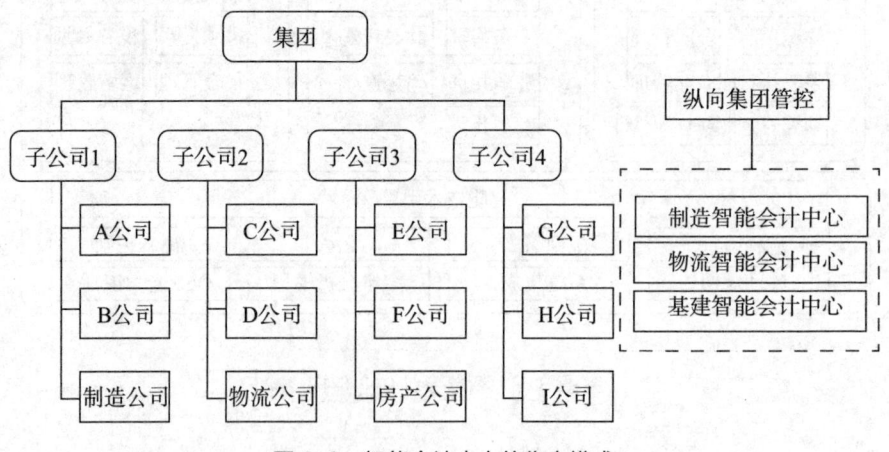

图8-8 智能会计中心的集中模式

对于业务集中度较高的企业，集中模式是一个理想的选择。例如，中国移动、中国联通和中国电信三大运营商合资成立的铁塔公司的核心理念就是采用共享模式，以减少资源的重复使用，提高资源利用的效率。在这种背景下，采用集中模式建设智能会计中心显得尤为合适。这不仅可以确保按照统一的核算和数据标准进行，还能确保每一个信号发射塔都有独立的会计报表，满足管理和决策的需求。

2. 产业模式

产业模式，就是按照集团产业业态的不同，建设为每个业态服务的不同智能会计中心。具体策略如下：集团总部从各业务单元中挑选几个代表性的试点单位，帮助这些试点单位建立自己的智能会计中心。每个试点单位根据其独特的业务需求和特点进行智能会计中心的建设。当各试点单位完成智能会计中心的建设后，集团总部将组织专家团队对这些中心的成果进行统一的分析和提炼。通过这种方式，集团总部可以汇总和整合各试点单位的经验和知识，从而形成一个集团统一的智能会计中心。这个统一的中心可为集团内的其他业务单元提供指导，帮助它们更有效地推广和优化自己的智能会计中心。这种方法旨在确保整个集团在会计处理上的连贯性和标准化。智能会计中心的产业模式如图 8-9 所示。

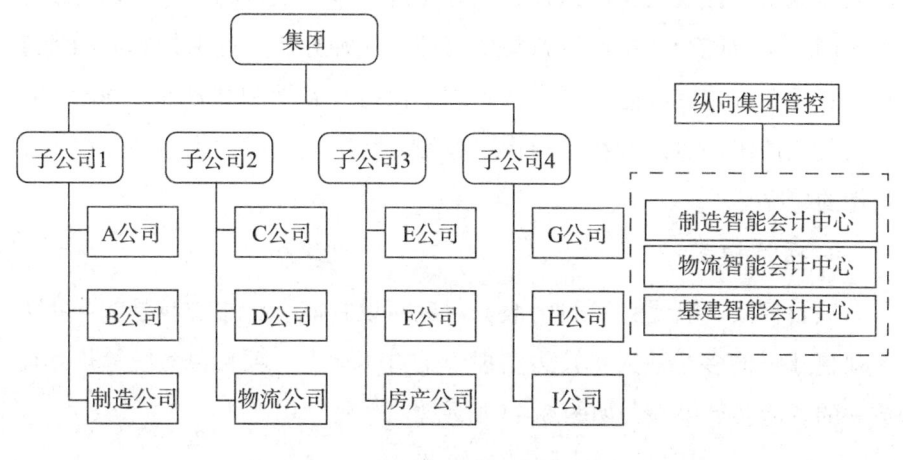

图 8-9 智能会计中心的产业模式

3. 区域模式

区域模式是基于区域集中的原则,旨在为特定区域的运营单元建设智能会计中心,如图8-10所示。

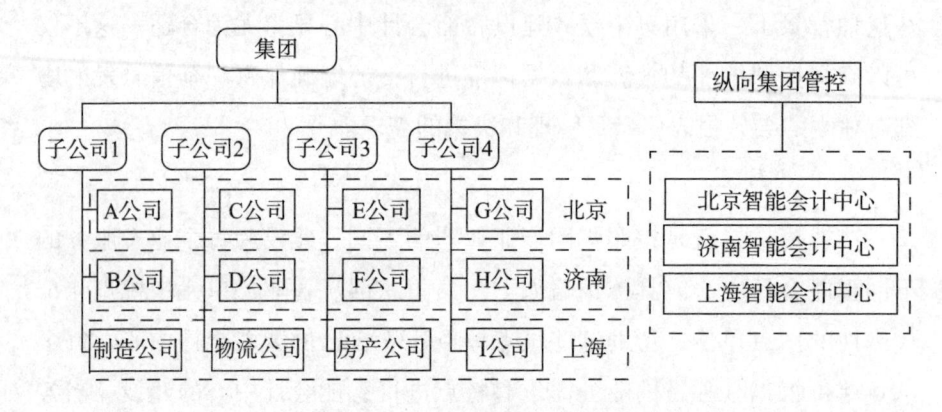

图8-10 智能会计中心的区域模式

这种方式是一种比较直接的建设模式,以地理上的距离来简化和统一会计处理。例如,中国建筑集团有限公司在全国多个城市(如北京、济南、上海等)都有运营业务,在采用区域模式的情况下,该集团可以选择一个城市或地区作为其核心区域,然后从这个中心区域辐射到附近的其他城市或分支机构。这样,所有在这个特定区域内的业务都可以被纳入同一个智能会计中心进行集中管理。这种方法可确保相邻或相近地理位置的业务单元在会计和财务管理上保持一致性和高效率。同时,这也为集团的统一管理和决策提供了方便,特别是在考虑到地理和市场相似性的情况下。

4. 项目模式

项目模式,就是以项目为服务对象建设智能会计中心,是参与特大型项目建设的多个法人单位为实现资金封闭运作、项目税务统筹规划而成立的智能会计中心,如图8-11所示。

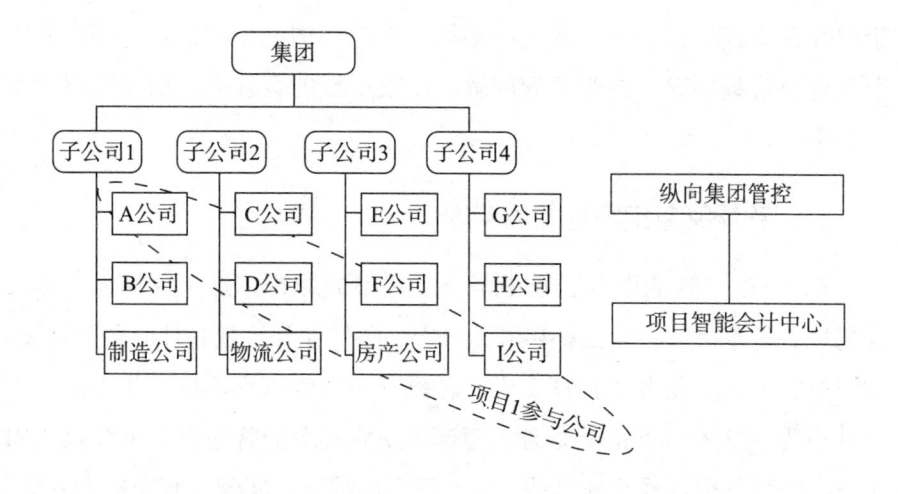

```
                    集团
         ┌────────┬──┴──┬────────┐
       子公司1   子公司2  子公司3  子公司4
        │        │       │       │
       A公司    C公司   E公司    G公司           纵向集团管控
        │        │       │       │
       B公司    D公司   F公司    H公司
        │        │       │       │
       制造公司  物流公司 房产公司 I公司          项目智能会计中心
                     项目1参与公司
```

图 8-11　智能会计中心的项目模式

集团企业在参与某一特大型项目时，经常会有多个二级、三级单位的加入，此时以项目为核心建立智能会计中心变得尤为重要。例如，中国交通集团涉足众多的大型项目，如城市地铁项目，如果每个二级单位独立承包，则可能由于缺乏竞争力而失去机会；但如果以集团的整体实力进行项目承包，再将项目分为不同区段，由各二级单位分别执行，就能增加集团的竞争力。为了确保这种跨法人单位的大项目能够有效和高效地管理，需要一个基于项目的智能会计中心进行统筹和监控，确保资金、税务和其他相关会计事务的准确性和及时性。

## 第三节　案例分析

在智能技术风起云涌的当前，无论对于理论界还是实务界，会计智能化建设都是一项创新性、探索性工作。组织规划是会计智能化建设过程中的重点工作之一，也是会计智能化建设过程中较为复杂的一项工作。本节基于 ZY 总公司云南省公司（以下简称 ZY 云南）智能财务建设的理论研究和实践探索，主要从整体架构、组织架构两个方面着重阐述智能财务建设过程中财务组织规划问题，以期给智能会计中心的建设提供有益参考。

## 一、智能财务组织的整体架构

ZY 云南在智能财务建设中坚守大共享的原则，这不仅涵盖财务会计的核心任务，如会计核算和财务报告，还延伸到管理会计的多个领域，如资金、资产、税务、预算、成本、投资和绩效管理，以及相关的管理会计报告。这种全面的共享理念意味着 ZY 云南的智能财务不仅仅局限于单一的财务会计或管理会计，而是两者的综合，实现了真正的大共享。为了更好地支持这种大共享的智能财务理念，ZY 云南构建了一个特定的财务组织架构，它为公司在财务管理的各个方面提供了结构化的支持和指引，确保所有的财务活动能够有效、高效地进行。ZY 云南的智能财务组织整体架构如图 8-12 所示。

从图 8-12 中可以看出，ZY 云南智能财务组织架构横向上分为财务会计工作组（核算质控组）、管理会计工作组（管理会计组）、综合管理工作组（综合管理组）和财务专家工作团队（财务专家团队），纵向上分为省公司财务处（智能财务中心）、二级单位（财务科）、三级单位（财务室）。

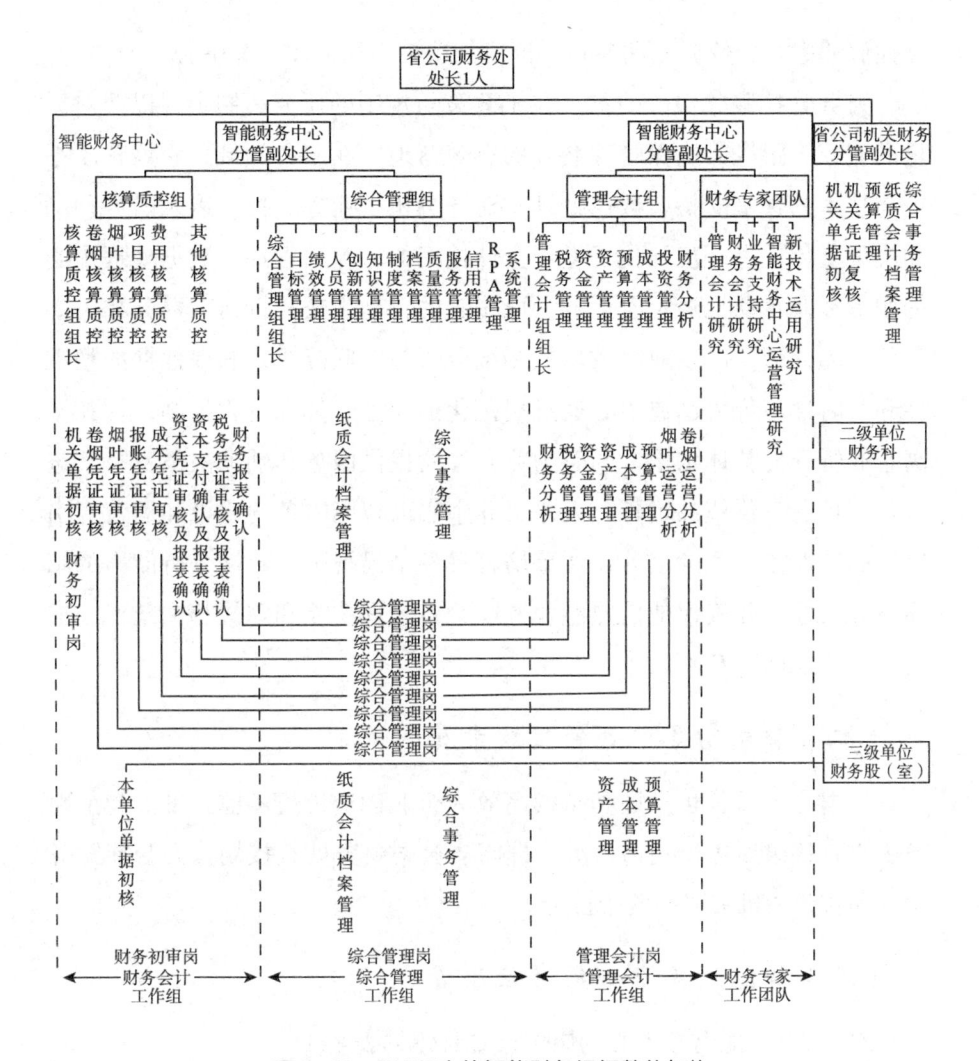

图 8-12　ZY 云南的智能财务组织整体架构

## 二、智能财务中心的组织架构

### （一）智能财务中心的职能定位

ZY 云南为确保智能财务共享平台与新型财务管理模式的有效实施，对其智能财务中心进行了精准的职能定位。智能财务中心主要包括财务管控服务中心、数据处理中心、价值创造中心和人才培养中心。

财务管控服务中心的重点在于政策与规则的研究、制定，以及对质量的监控、跟进，确保管理会计的有效落地。在服务领域，它聚焦于系统与技术的共享支持、数据处理、财务分析、业务支持，以及财务预测和决策支持，进一步强化了电子会计档案的保存与管理。数据处理中心的职责涉及自动推送定时任务、证账表的自动生成与推送、财务相关事务的自动处理，以及业财数据的多维分析与关联分析，确保数据的精准性和及时性。价值创造中心通过规范化的业务管理和过程控制，旨在提高企业管理的整体水平，同时为业务经营提供服务和辅助决策支持，进一步实现财务价值的增长。人才培养中心以智能财务的建设和运营为引擎，驱动财务人才的培养，注重培育具备全局视野、数据分析能力的精通财务人才，并确保他们熟悉业务、具备管理技能和掌握相关技术，成为真正的复合型人才。

### （二）智能财务中心的行政隶属

从财务人员长远发展和持续高效为企业创造价值考虑，可令智能财务中心直接隶属省公司财务处，即将省公司财务处直接划分为智能财务中心和省公司机关财务两个部分。

### （三）智能财务中心的岗位设置

ZY 云南智能财务中心的岗位设置具体见表 8-1。

表8-1 ZY云南智能财务中心的岗位设置

| 组 别 | 岗位名称 | 岗位工作职责 |
| --- | --- | --- |
| 管理组 | 财务会计和综合管理分管副处长 | 分管核算质控组 / 分管综合管理组 |
| | 管理会计和财务专家分管副处长 | 分管管理会计组 / 分管财务专家团队 |

续 表

| 组 别 | 岗位名称 | 岗位工作职责 |
|---|---|---|
| 核算质控组 | 核算质控组组长 | 总体负责核算质控工作 / 兼职牵头财务会计研究工作 |
| | 卷烟核算质控岗 | 负责卷烟核算政策研究 / 负责卷烟核算质量控制 |
| | 烟叶核算质控岗 | 负责烟叶核算政策研究 / 负责烟叶核算质量控制 |
| | 项目核算质控岗 | 负责项目核算政策研究 / 负责项目核算质量控制 / 负责资产核算政策研究 / 负责资产核算质量控制 |
| | 费用核算质控岗 | 负责费用核算政策研究 / 负责费用核算质量控制 |
| | 其他核算质控岗 | 负责其他核算政策研究 / 负责其他核算质量控制 |
| 综合管理组 | 综合管理组组长 | 总体负责运营管理工作 / 总体负责运营沟通协调工作 / 兼职牵头运营管理研究工作 |
| | 目标管理岗 | 总体目标管理 / 阶段目标管理 |
| | 绩效管理岗 | 财务初核绩效管理 / 财务复核绩效管理 / 人员绩效管理 / 小组绩效管理 |
| | 人员管理岗 | 岗位与编制管理 / 人员配置管理 / 人员成长规划 / 人才培养管理 |
| | 创新管理岗 | 创新计划管理 / 创新组织管理 / 创新绩效管理 / 创新评估与控制 / 创新平台管理 |
| | 知识管理岗 | 知识规划 / 知识形成管理 / 知识转移管理 / 知识维护管理 / 知识平台管理 |
| | 制度管理岗 | 制度的整体规划 / 制度的梳理 / 制度的编写组织 / 制度的发布管理 / 制度的持续优化 |
| | 档案管理岗 | 会计档案管理研究 / 电子会计档案归档 / 电子会计档案保管 / 电子会计档案利用 / 电子会计档案鉴定销毁 |
| | 质量管理岗 | 业务时效管理 / 业务质量管理 / 服务质量管理 |
| | 服务管理岗 | 服务研究 / 服务管理工具 / 服务水平协议管理 |
| | 信用管理岗 | 员工信用评价对象 / 员工信用评价指标 / 员工信用评价方法 / 员工信用评价等级划分 / 员工信用评价结果运用 |
| | RPA管理岗 | RPA运行监控 / RPA异常处理 / RPA日常维护 / RPA开发 |
| | 系统管理岗 | 数据标准优化研究 / 信息系统优化研究 / 数据质量管理 / 数据安全管理 / 信息系统日常运行维护管理 / 信息系统变更管理 / 兼职牵头新技术运用研究工作 |

续 表

| 组 别 | 岗位名称 | 岗位工作职责 |
|---|---|---|
| 管理会计组 | 管理会计组组长 | 总体负责管理会计工作／总体负责管理会计沟通协调工作／兼职牵头管理会计研究工作／兼职牵头业务支持研究工作 |
| | 税务管理岗 | 税收政策研究／涉税风险管理／纳税情况分析 |
| | 资金管理岗 | 资金政策研究／银行账户管理／资金结算监控／资金结算异常处理／资金风险管理／资金运营监管 |
| | 资产管理岗 | 资产管理政策研究／资产日常管理／资产状况分析／资产风险管理 |
| | 预算管理岗 | 预算政策研究／全面预算管理 |
| | 成本管理岗 | 成本政策研究／成本日常管理 |
| | 投资管理岗 | 多元化投资管理／项目投资管理 |
| | 财务分析岗 | 财务会计报告／内部管理报告／财务预测分析 |
| 财务专家团队 | 财务会计研究岗 | 财务会计政策研究／财务会计制度研究／业务流程优化研究／表单附件优化研究／标准事项优化研究／核算规则优化研究／稽核规则优化研究 |
| | 管理会计研究岗 | 管理会计政策研究／管理会计制度研究／税务管理专项研究／资金管理专项研究／资产管理专项研究／预算管理专项研究／成本管理专项研究／投资管理专项研究／财务分析专项研究 |
| | 业务支持研究岗 | 经营活动支持研究／经营决策支持研究／战略活动支持研究／战略决策支持研究 |
| | 运营管理研究岗 | 运营管理优化研究 |
| | 新技术运用研究岗 | 新技术发展运用跟踪／智能化场景设计研究／新技术匹配运用研究 |

### （四）智能财务中心的人员配备

为真正实现大共享理念，并适应国有企业的人员定岗定编制度，ZY云南提出了一套集约且高效的财务人员配置方案。从图8-12中可以看出，智能财务中心分为四大团队：核算质控组、综合管理组、管理会计组和财务专家团队。其中，财务专家团队均为流动兼职，不涉及岗位编制；其他三个小组涉及岗位编制。

核算质控组由6名成员组成，主要负责核算政策的研究和云南省范围内的核算质量控制，涵盖各类核算抽核工作。综合管理组由5名成员组成，主管智能财务中心的多方面运营管理，如目标、绩效、人员、创新、知识、制度等各个方面的管理工作。管理会计组由 8 名成员组成，致力于处理云南省的管理会计事务，包括税务管理、资金管理、资产管理、预算管理、成本管理、投资管理和财务分析。财务专家团队专门从事诸如管理会计、财务会计、业务支持和新技术运用等领域的专项研究工作，这个团队不设人员上限。

总体来说，除了分管的副处长，智能财务中心需 19 名固定财务人员。这些人员来自 ZY 云南省财务处以及下属单位的财务团队，后者是经过精心选拔的，他们遵循属地管理、中心兼职的组织原则，在远程办公、虚拟共享的模式下，利用智能财务会计共享平台，共同参与智能财务中心的日常运营和管理工作。

### 三、属地财务部门的组织架构

#### （一）属地财务部门的职能定位

属地财务组织，由 ZY 云南的二级单位和三级单位财务部门组成。

ZY 云南将二级单位财务部门作为智能财务的分中心，承担四大核心职能：财务审核中心、数据确认中心、管理会计中心和业务支持中心。财务审核中心专门对单据进行初步核查，并对凭证进行审核，同时确认资金的支付；数据确认中心主要确保各类财务和税务报表的准确性和完整性；管理会计中心涉及预算管理、成本管理、资产管理、资金管理、税务管理及财务分析等一系列关键任务；业务支持中心为公司的主营业务，如卷烟业务和烟叶业务提供专项分析和经营管理的支持。

三级单位财务部门为二级单位财务部门的有机延伸，承担本单位财务审核和管理会计的职责。

这样的层级化管理与专业分工可确保整个财务体系的高效、准确和顺畅运作。

## （二）属地财务部门的岗位设置

与省公司智能财务中心的三类财务工作相对应，属地财务工作也分为三类：财务会计类、管理会计类及综合管理类。

具体来看，根据各自的业务特性和需求，二级单位财务部门设定了十个核心岗位，即卷烟业务岗、烟叶业务岗、预算管理岗、成本管理岗、资产管理岗、资金管理岗、税务管理岗、财务分析岗、综合管理岗和财务初审岗。其中，卷烟业务岗、烟叶业务岗、预算管理岗、成本管理岗、资产管理岗、资金管理岗、税务管理岗、财务分析岗均被赋予了双重任务——兼顾财务会计工作和管理会计工作。这种设置使每个岗位不仅能够快速准确地完成会计任务，还能深入挖掘、分析、优化其所涉及的管理会计工作，进而提升整体的经营管理效能。

三级单位财务部门是二级单位财务功能的直接延伸，其岗位设置则更为简洁、高效，主要设置了财务初审岗、管理会计岗和综合管理岗三大职能岗位。

这样的层级化、专业化的岗位设计，使 ZY 云南在各级别、各业务领域都能够实现高质量、高效率的财务管理。

## （三）属地财务部门的人员配备

在国有企业的特定人才管理体系下，特别是在定岗定编的制度约束之下，优化人力资源配置至关重要。ZY 云南的二级单位在智能财务分中心的运营中创新性地采纳了一种灵活的人员配置策略。他们不是简单地新增职位，而是选择从其下属的三级单位中选拔出符合分中心岗位任职条件的基层财务人员。这种选拔方式保证了人员的专业性和业务熟悉度，同时是对基层财务人员的一种职业发展机会。更为独特的是，这些被选拔上来的人员仍然在三级单位进行管理，但在工作职责上，他们会兼职于二级的智能财务分中心。这种三级单位管理、二级分中心兼职的组织管理方式，充分考虑到人员流动、沟通协作和职责明确等多个方面的需求。

## 四、启示

随着大数据时代和互联网的发展，智能会计中心的建设已然成为集团管理的必然趋势。企业应当重视智能会计中心的建设及后续的优化，搭建科学适用的组织架构，建立统一标准的业务流程，组建高效的财务团队。智能化组织不仅能大幅度地增强企业内部对财务的管控力度，还能实时对企业的运营效率进行把控，在降低企业风险、优化资源配置、增强企业市场竞争力方面发挥重要作用。

财务组织规划是智能财务建设和后续运营的关键，涉及智能财务整体的运营管理原则设定、整体财务组织架构的调整，不同层级财务组织之间的职责划分，以及各级财务组织内部的职能定位、岗位设置和人员配备等，需要企业重点关注和着力推进。智能会计中心的推进是一场全面的改革，它考虑到各个层面的组织建设，包括整体架构以及流程管控。当然，这并不是一个短期的工作，不会一蹴而就，而是需要长期的积累，需要一步一步地努力才能取得成果。

# 第九章　企业会计智能化的制度与人才保障

进入数字化时代,企业会计智能化不仅涉及技术和流程的革新,更关乎制度与人才的保障。制度体系是确保智能化会计稳定、有效运行的基石,而面对技术日新月异的挑战,财会人员的角色与能力需求也正经历着前所未有的转型。如何构建与智能化会计相适应的制度体系?财会人员如何拥抱变革,适应新的角色定位?本章将对这些问题进行深入探讨,为企业会计智能化的全面落地提供策略与方向。

## 第一节　企业会计智能化的制度体系建设

制度是规范、是准则,更是一种保障。它确保会计智能化发展中的各种风险被有效控制,使得各项活动能够按照既定的规则和标准进行。这不仅关乎企业的日常运营,更涉及企业长远的战略规划。一个完善的制度体系,可以帮助企业在会计智能化进程中减少摩擦,避免失误,确保其走在正确的道路上。

## 一、制度体系建设的意义

### （一）确保信息质量

会计智能化制度为会计操作提供了明确的指南，规定了哪些数据需要被纳入、怎样录入和验证。设定明确的数据录入标准，可以确保所有数据的标准都是一致的，减少或消除由于个体解释差异而导致的数据偏差。此外，验证程序确保了所有录入的数据都经过严格的检查和审计，从而排除了任何可能的错误或遗漏。这不仅保证了财务报告的真实性和公正性，还增加了外部审计和监管机构的信任，进一步强化了企业的声誉和公信力。

### （二）强化内部控制

通过限制数据访问权限，企业可以确保只有那些真正需要相关信息的人员才能访问，从而降低数据泄露或误用的风险。此外，完整的审计轨迹记录为管理层提供了一个工具，以跟踪和回溯所有系统内的操作，使其在出现任何不寻常或可疑的活动时都能被及时发现。这种监控和跟踪为企业创造了一个更加安全、可靠的工作环境。

### （三）满足法规要求

在全球化的商业环境中，遵循会计智能化的法规和标准已经成为企业日常运营的重要组成部分。各地的法规可能在具体要求上有所不同，但它们的核心目标都是确保数据的完整性、准确性和安全性。这意味着企业需要建立一个制度，以确保它们的会计实践始终符合最新的法规标准。这不仅有助于避免因违规而导致的高额罚款和潜在的法律诉讼，还能增强外部利益相关者对企业的信任。

## （四）增强数据安全

会计智能化制度明确规定了数据的处理、存储和传输标准，强调了备份的重要性，确保在系统故障或数据损坏时能够迅速恢复。即使数据在传输过程中被拦截，也难以被解读，可确保信息不被泄露。同时，防护策略，如防火墙和侵入检测系统，可监控潜在的安全威胁，并在初期予以阻止，确保财务数据不受外部或内部威胁的侵害。

## 二、制度体系建设的原则

随着科技的进步和商业环境的变化，会计智能化已经成为现代企业管理的重要组成部分。因此，建立一个健全、有效且与时俱进的会计智能化制度体系显得尤为关键。而为了确保这一制度真正为企业带来预期的效益，必须基于一系列明确且实用的原则[①]，如图9-1所示。

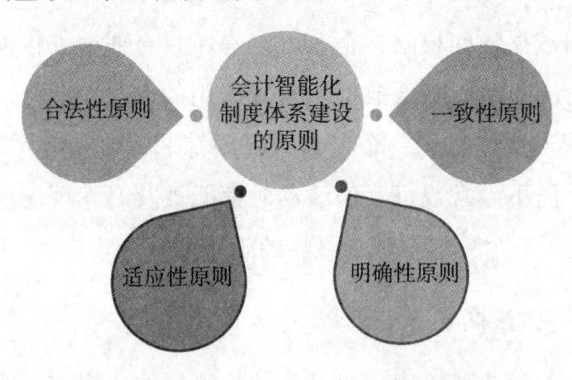

图9-1 会计智能化制度体系建设的原则

## （一）合法性原则

合法性原则是会计智能化制度建立的基石，强调所有会计智能化的

---

① 刘雪梅.信息化环境下推进会计制度实施工作的探析[J].老字号品牌营销，2022（11）：60-62.

操作和流程必须符合相关的法律、法规和国家标准。这不仅意味着企业要遵循现有的会计和税务法规，还要确保信息的收集、存储和传输遵循相关的数据保护和隐私法规。违反法律规定可能导致企业面临重大的法律风险，包括罚款、业务中断，甚至失去经营许可。而遵循合法性原则，不仅可以帮助企业规避这些风险，还可以增强其与外部利益相关者，如投资者、合作伙伴和客户的信任关系。随着全球化的发展和跨国经营的日益频繁，合法性原则也要求企业熟悉并遵循各个运营地的法律法规，确保在各个市场都保持良好的合规状态。

### （二）适应性原则

适应性原则强调会计智能化制度必须具备足够的灵活性，以适应企业的变化和发展。随着市场环境、技术进步和企业战略的调整，会计业务和信息需求也会发生变化。适应性原则要求制度不仅满足当前的需要，还能够适应未来的变革。为实现这一原则，企业在制定制度时应采用模块化和可配置的设计思路，确保制度可以随着时间和环境的变化进行适当的调整和优化。定期的制度评估和修订也是实现适应性的关键，它可以帮助企业及时发现和解决制度中的不足，确保制度始终与企业的实际情况和目标保持一致。

### （三）明确性原则

明确性原则强调会计智能化制度在内容和要求上应当具有清晰、明确的表述，避免模糊和歧义。这意味着制度的每一个部分都应该表达得简洁明了，使得所有的会计人员和利益相关者都能清晰地理解其内容和目的。明确性有助于确保所有涉及会计操作的员工都能够按照预期的方式履行其职责，从而避免因误解或不明确的指导而产生的错误。同时，明确的制度还为企业提供了一种有力的管理工具，可以确保会计信息的准确性、完整性和及时性。

### （四）一致性原则

一致性原则要求会计智能化制度在整个企业内部保持统一的标准和流程。不一致的制度可能导致数据的重复、遗漏或不一致，从而影响到会计信息的质量和可靠性。为了实现一致性，企业应该制定统一的会计政策、准则和操作手册，并对所有会计人员进行统一的培训和考核。

## 三、制度体系建设的内容

### （一）业务流程管理制度

随着会计智能化改革的推进，企业面临着大量流程再造与优化的任务。业务流程管理制度的建立，意在对企业内部进行统一管理，确保每一项业务都遵循明确、标准化的流程。这种标准化不仅有助于提高效率，还能保证信息的准确性与可靠性。通过明确的审批流程和制度，企业可以避免不必要的特殊化处理和主观臆断，从而确保数据的客观性和一致性。总的来说，业务流程管理制度为企业提供了一个清晰、系统的框架，使得各个部门和员工都能够清楚地知道自己的职责与权利，进一步提高了企业的协同效率。

### （二）人员管理制度

在企业会计智能化转型的背景下，人员管理制度显得尤为关键。它提高了员工的工作效率和满意度，并为企业的长期发展打下了坚实的基础。

1. 人才选拔制度

有效的选拔制度意味着企业能够从广大应聘者中精准挑选出与企业文化、业务需求和发展策略高度匹配的人才。这不仅保证了人才的短期产出，还为企业节省了因人员不匹配而产生的长期成本，如再次招聘、培训或者因人才流失导致的损失。人才选拔制度的制定需要基于企业的核心价值观、业务特性以及市场定位。其中，明确的职位描述、合理的招聘标准、结构化的面试流程以及科学的评估机制是制度建设的关键要素。选拔制度还需要考虑应聘者的潜在能力、团队协作精神和长期发展潜力，而非仅仅依赖他们的学历背景或过往工作经验。

2. 员工培训制度

随着技术的日新月异和市场环境的快速变化，员工的知识和技能需要不断更新，以适应这些变化。员工培训制度不仅能帮助员工提高现有的专业技能，还可以赋予他们新的能力，使其更加适应未来的职业发展趋势。

建立员工培训制度需要从多个维度着手，旨在确保员工的持续成长与企业目标的对齐。首先，需进行全面的需求分析，明确培训的目标、员工的需求以及业务发展的方向。基于这些分析，可以规划出适当的培训课程内容、形式和频率。为了确保培训的实效性，应采取与实际工作场景相结合的案例研究和模拟练习，使员工能够在实际中应用所学。其次，针对不同阶段的员工，制订不同层次的培训计划是必要的。例如，新员工需要了解公司文化、流程和基本工作技能，而资深员工可能更注重提高特定领域的专业技能或领导能力。最后，评估和反馈机制的建立至关重要。这不仅可以监控培训的效果，还能及时调整培训内容和方法，确保其与实际需求保持一致。通过持续的培训投资，企业能够促进员工的职业成长，进而提高团队的整体绩效。

3. 轮岗制度

一方面，轮岗可以缓解智能化改革期间由于人员配置不足带来的压力；另一方面，通过轮岗，企业可以有效培养具备多种技能和经验的复合型人才。总的来说，轮岗制度有助于维持员工的工作热情，让他们始终保持新鲜感，从而提高其对工作的满意度。

首先，需要对企业的整体业务流程、岗位职责和员工能力进行深入的了解。基于这些信息，可以确定哪些岗位适合轮岗，以及员工在进行轮岗时可能遇到的挑战。其次，确定适合轮岗的岗位后，需要制订详细的轮岗计划，包括轮岗的时长、目标和预期的学习成果。最后，应考虑如何评估轮岗的效果，以及如何为员工提供在新岗位上成功的必要支持。在开始轮岗前，员工应接受有关新岗位的基础培训，以确保他们能够快速适应，同时应为每个轮岗员工分配一个导师，帮助他们更好地了解新岗位的职责、文化和工作流程。

### （三）现场管理制度

在智能会计平台运行过程中，需要采用科学的现场管理制度，对人员、设备、方法、信息、环境进行有效计划、组织、协调和检测。基本内容包括：第一，现场生产环境整洁，硬件设备运作正常无故障；第二，加强系统运营管理，及时清理废弃数据，及时优化流程处理速度，保障平台运行流畅性；第三，健全各项规章制度、技术标准、统计台账等；第四，加强现场监督管理，严格按照岗位职责权限操作，严禁代为操作；第五，搞好团队建设和民主管理，提高员工的主动性和积极性。

### （四）绩效管理制度

智能会计平台运营过程中需要以改革目标和经营目标为指导，通过对组织和员工的工作成绩进行评价，达到奖优评劣、提升组织和员工绩效的目的。组织绩效的评价应从业务效率、工作量、质量水平、内外部满意度四个方向定量或定性考察，绩效评价方式见表9-1所示。

表9-1 绩效评价方式

| 评价维度 | 评价指标 |
| --- | --- |
| 业务效率 | 审批时效、划款时效、归档时效、入账时效等 |
| 工作量 | 流程处理数、单据审批数、核算工作量、参数修改量、划款指令数等 |

续表

| 评价维度 | 评价指标 |
| --- | --- |
| 质量水平 | 审批失误率、核算失误率、付款失误率、支付延误率、档案管理水平、被投诉次数 |
| 内外部满意度 | 内外部满意度调查 |

## 第二节 会计智能化背景下的财会人员转型

在会计智能化背景下,财会人员不仅需要掌握深厚的会计知识,还必须具备与时俱进的技能和前瞻性的视野,这样才能为企业提供准确、及时、高效的会计信息服务。

### 一、会计智能化背景下财会人员面临的挑战

#### (一)财务基础岗位减少,高级岗位人才短缺

在会计智能化背景下,财会人员的岗位与职责发生了显著变化。由于大量的日常事务性工作逐渐被自动化工具和系统取代,导致财务基础岗位的数量呈现出下降的趋势。例如,传统的账务录入、发票校对等工作在智能系统的辅助下,大部分都能实现自动完成。这一转变直接减少了企业对于基础岗位人员的需求。然而,企业对高级岗位人才的需求却呈现出增长态势。随着业务的复杂度增大和市场竞争的加剧,企业对决策支持、风险管理、策略制定等高级财务工作的依赖越来越重。这些岗位要求人员具备传统的会计和财务知识,熟悉先进的分析工具,具备跨领域的知识结构,并能在复杂的商业环境中进行深入的策略分析和建议。

#### (二)企业对财会人员工作胜任能力的要求越来越高

技术能力是财会人员必备的能力。会计智能化意味着大量的数据处理、分析和报告自动化,这需要财会人员熟练掌握相关的软件和工具,

如ERP系统、大数据分析工具等。除了相关技能，企业也很看重财会人员的分析和判断能力。在大数据背景下，财会人员不仅要处理数据，还要从中提炼有价值的信息，为企业决策提供支持。这就需要他们具备良好的数据敏感性、批判性思维以及高度的业务理解力。

## 二、会计智能化背景下财会人员转型的方向

### （一）财会人员应向成本控制与内部控制人员转型

随着会计智能化的深入推进，财会人员转型已成为行业趋势。向成本控制与内部控制人员转型正是应对这一变革的途径之一。在当前商业环境中，企业追求高效运营和利润最大化，这使得成本控制和内部控制工作显得尤为关键。财会人员向成本控制与内部控制人员转型意味着更多地关注企业的资金流向、优化成本结构和强化内部审计机制。

成本控制关注的不仅是如何降低成本，更是在降低成本的同时确保产品或服务的质量和企业的核心竞争力。这需要财会人员具备对整个业务流程的深入理解，以及与其他部门的紧密合作。内部控制主要是为了确保企业的财务信息的真实性和完整性，规避潜在的财务风险。这要求财会人员熟悉企业的业务流程和财务制度，并掌握相关的法规和风险评估技能。

向成本控制与内部控制人员转型意味着财会人员的角色从传统的账务处理和报告工作转向了更为战略和前瞻的方向，他们在企业中的作用越来越重要，对企业的成功与否有着直接的影响。

### （二）财会人员应向全面预算人员转型

全面预算人员的工作涵盖收入预测、成本预估、投资计划以及各种风险的评估，他们需要与各个业务部门紧密合作，确保预算的准确性和实施的顺利性。也就是说，财会人员需要拥有出色的沟通协调能力，能够理解各个部门的业务需求，并将这些需求融入整体的预算计划中。目

前，随着技术的发展，数据分析和模型构建成了全面预算工作的重要组成部分。财会人员需要具备一定的数据分析能力，能够运用先进的工具和方法对大量的数据进行挖掘，为企业的决策提供有力的数据支持。

### （三）财会人员应向专业财务分析人员转型

专业财务分析人员不仅要对财务数据进行深度挖掘，还要将其与市场趋势、行业动态以及宏观经济因素结合起来，为企业提供更加全面和宏观的分析视角。财会人员需要不断提高自身的业务敏感度和市场洞察力，加强与各业务部门的沟通与协作，确保分析内容既具备专业深度又有广度。

### （四）财会人员应向风险管理人员转型

随着企业业务的全球化和复杂化，风险管理已成为企业持续健康发展的关键环节。在这一背景下，财会人员向风险管理人员转型成了一种必然趋势。传统的财会工作重点在于记录和报告，而现代企业更期望财会人员能够识别、评估和管理各种财务和非财务风险，为企业的稳健经营提供支撑。

风险管理人员的核心职责是对企业面临的各种风险进行全面、深入的分析，制定相应的风险应对策略，确保企业在风险可控的前提下追求较大的利润。财会人员不仅要有深厚的财务知识和经验，还要具备跨学科的知识结构和视野，能够结合企业的战略目标和外部环境，为企业的风险决策提供有效的建议。这就要求他们加强对风险管理理论和方法的学习，深入了解企业的业务模式和产业链，与其他部门紧密合作，确保风险管理的实施效果。

### （五）财会人员应向技术型财务人员、战略型财务人员转型

随着技术创新和企业发展模式的转变，财会人员的角色经历了深刻

的变革。技术型财务人员与战略型财务人员的出现，反映了现代企业对财务功能的重新定义和期望。

技术型财务人员，强调的是对财务技术的掌握与应用，涉及大数据、云计算、人工智能等前沿技术。这类人员不再仅仅是纯粹进行数字处理，而是需要与IT部门紧密合作，利用先进技术为财务报告和决策提供支持，助力企业实现更高效、更智能的财务管理。战略型财务人员更注重在企业总体发展战略中发挥作用，为企业长期目标的制定和实施提供财务视角的支持。他们需要深入理解企业的商业模式、市场竞争环境和发展趋势，确保财务策略与企业的战略目标相一致。这两种转型并不是相互排斥的，而是相辅相成的。为满足企业对财务功能的多元化需求，财会人员必须具备扎实的财务专业知识，拥有广阔的技术和战略视野，确保财务工作能够为企业的持续创新和竞争力提升提供有力支撑。

# 第十章　总结与展望

本章作为全书的结尾，对前面的内容进行汇总与回顾，并对未来进行前瞻性的思考。总结部分系统回顾全书的核心观点和重要结论，展望部分则基于当前的研究成果和现实情境，对相关领域的未来发展进行预测和思考。

## 第一节　总　结

### 一、会计智能化是数字经济时代的必然趋势，对于企业发展具有重要意义

随着数字技术的飞速发展，各行各业都面临着数字化的大潮。在这样的背景下，传统的会计工作方式受到挑战，必须与时俱进，实现智能化转型。例如，将大数据、云计算、人工智能等技术与会计业务紧密结合，为会计提供更高效、更准确的工作方式，以满足现代经济发展的需求。随着技术的不断进步，会计工作变得更加透明、可追溯，会计智能化不仅仅是一个技术层面的升级，更是适应数字经济时代发展的一种策略选择。

会计智能化对于企业具有重要意义。在竞争日益激烈的市场环境中，企业需要更精确、更及时的财务数据来支撑决策。传统的会计处理方式可能无法满足这种快速响应的需求。而智能会计能够实时捕获、处理和分析大量数据，为管理层提供有力的决策支持；自动识别潜在的风险和机会，帮助企业预测市场趋势，从而提前做好准备、抓住机会；帮助企业降低人工错误，提高财务报告的准确性和可靠性，增强企业的信誉和市场竞争力。

## 二、会计智能化建设可以从会计核算智能化、会计报表智能化、会计分析与决策智能化三个维度进行

会计核算智能化体现了数字化时代对财务处理的创新需求。在传统的会计核算中，数据录入、核对、分类等操作大多依赖于手工处理，容易出错且效率低下。而在智能化会计核算中，通过人工智能、大数据等技术，能够自动完成这些烦琐的工作。例如，智能算法可以自动识别并分类各种财务数据，大大减少了人工干预的可能性和出错率。实时的数据处理使得核算工作更为及时，能够为企业提供实时的财务信息。这种高效、准确的会计核算方式，不仅能够降低企业的操作成本，还能提高企业的决策效率。

会计报表智能化是现代企业财务管理的核心组成部分。报表是企业与外部利益相关者沟通的重要渠道，其准确性、及时性直接关系到企业的信誉和决策效果。传统的报表生成过程烦琐，涉及多个部门、多个步骤，容易出现延误或错误。而智能化的会计报表系统可以实现数据的实时收集、自动汇总和生成，大大提高了报表制作的效率。同时，这种系统还可以根据不同的需求，自动生成各种定制的报表，满足企业和外部利益相关者的多种信息需求。这种灵活、高效的报表生成方式，不仅为企业节省了大量的人力和时间资源，还增强了报表的准确性和可信度。

会计分析与决策智能化代表了现代会计工作的高端应用。传统的会

计分析往往依赖于经验和直觉，而智能化的会计分析则利用大数据、人工智能等技术，对数据进行深度的挖掘和分析。这种分析方式能够发现隐藏在大量数据中的规律和趋势，为企业提供更为精准的市场预测。同时，智能化的决策支持系统还能够为企业提供各种决策方案的模拟和评估，帮助企业做出更为科学的决策。这种基于数据和技术的会计分析与决策方式，不仅能够提高企业的决策效率，还能够大大降低决策的风险，为企业创造更大的价值。

### 三、会计智能化发展不仅需要技术和平台的支撑，还需要组织、制度和人才的保障

技术是推动会计智能化的最基础的动力，只有当技术持续创新，才能保障会计智能化的持续进步。例如，大数据技术可以帮助企业处理海量的财务数据，提供更为准确的数据分析；人工智能技术可以实现自动化的数据处理和报表生成；区块链技术可以确保数据的安全性和真实性。稳定、高效的平台是这些技术落地的基础，只有拥有强大的计算和存储能力，才能保障技术的正常运行，满足企业的实际需求。

组织架构的创新是会计智能化发展的重要支撑。随着技术的进步，会计工作的内容和形式都发生了巨大的变化。这就要求企业对现有的组织架构进行调整，建立更为灵活、高效的组织模式。例如，企业可以设立专门的数字化财务部门，负责推进会计智能化的各项工作，确保技术和业务的深度融合；可以建立跨部门的合作机制，确保技术、业务和管理的协同作战，提高会计智能化的整体效果。

制度建设和人才保障是会计智能化不能忽视的两大要素。制度是企业行为的规范和约束，只有建立健全的制度体系，才能确保会计智能化的有序推进。包括技术应用的标准、数据处理的规范、系统操作的流程等，都需要明确的制度进行约束。同时，人才是实现会计智能化的关键。企业不仅需要技术型人才，负责系统的开发和维护，还需要业务型人才，

负责将技术应用于实际的会计工作中。因此，企业必须加大人才培养和引进的力度，确保有足够的人才储备，支撑会计智能化的持续发展。

## 第二节 展 望

随着科技的飞速发展，会计智能化正逐步向更深、更广的领域拓展。下面是笔者对会计智能化发展的一些展望。

### 一、会计软件标准更严格，安全性、专业化进一步提升

多年的实践与发展，给我国企业会计智能化带来了大量经验，进一步细化了会计软件的标准。在实行会计智能化的过程中，不同企业对会计软件功能的需求也有所不同。针对不同企业之间的差异，开发适应企业特征的会计软件是未来会计软件研发的方向。从软件本身层面出发，为实现数据即时共享，需增添数据共享模块，将共享功能纳入会计软件的体系中。这不仅需要提高接口技术，使每个模块之间更好地连接，还要提高传输技术，使信息可以全面迅捷地达到共享。未来会计智能化系统应增添审查模块，加强内部的审查功能，以保证数据的真实性。利用智能化技术，企业可以对自身业务活动和财务工作进行实时监控并记录，然后根据记录分析企业情况，帮助管理层做出正确决策。

### 二、从规则型智能向学习型智能转变

会计智能化可以分为两个阶段，初级阶段是规则型智能，高级阶段是学习型智能。目前，规则型智能已经实现了较为成熟的应用，如基于规则的费用审核、风险控制、业财税管一体化模式下的会计规则引擎等，而学习型智能尚未进入大规模商用。随着人工智能技术的进一步发展，尤其是深度学习和机器学习的普及，会计将从规则型智能走向真正的学

习型智能。这意味着，未来的机器不再仅仅是执行者，它们将学会思考，学会主动分析，能够对未来的财务趋势做出预测，为企业提供更深入的策略建议。

# 参考文献

[1] 高志玥，王永莉，周春艳.企业管理会计的智能化与创新研究[M].延吉：延边大学出版社，2022.

[2] 金玉洲，刘宏伟，高一源.智能化财务管理与会计理论实践[M].北京：中国商业出版社，2021.

[3] 张一兰.智能财务时代[M].长春：吉林大学出版社，2020.

[4] 吴践志，刘勤.智能财务及其建设研究[M].上海：立信会计出版社，2020.

[5] 王雁滨，苏巧，陈晓丽.财务管理智能化与内部审计[M].汕头：汕头大学出版社，2021.

[6] 刘赛，刘小海.智能时代财务管理转型研究[M].长春：吉林人民出版社，2020.

[7] 胡晓锋.数字经济时代智能财务人才的培养与实践研究[M].长春：吉林出版集团股份有限公司，2022.

[8] 陈虎.从新开始：财务共享、财务转型、财务智能化[M].北京：中国财政经济出版社，2017.

[9] 张玉明.智能会计[M].北京：经济科学出版社，2021.

[10] 文峰，唐丰收.智能会计理论与实务[M].北京：经济科学出版社，2022.

[11] 徐晓鹏，杨静，王生贵，等.大数据与智能会计分析[M].重庆：重庆大学出版社，2023.

[12] 陈旭.智能会计信息系统[M].北京：高等教育出版社，2021.

[13] 丁胜红.智能会计前沿理论研究[M].北京：中国财政经济出版社，2020.

[14] 贾丽.财务共享及智能财务理论与发展研究[M].北京：中国商业出版社，2023.

[15] 石贵泉，宋国荣.智能财务共享[M].北京：高等教育出版社，2021.

[16] 王海林.大数据财务决策[M].北京：电子工业出版社，2023.

[17] 邱涵，张丽，李晨光.智能时代财务会计管理转型研究[M].延吉：延边大学出版社，2022.

[18] 贾小强，郝宇晓，卢闯.财务共享的智能化升级[M].北京：人民邮电出版社，2020.

[19] 李克红.人工智能视阈下财务管理研究[M].北京：首都经济贸易大学出版社，2021.

[20] 张庆龙.下一代财务：数字化与智能化[M].北京：中国财政经济出版社，2021.

[21] 王玲俊，刘融.财务智能化背景下会计人才培养改革措施研究[J].江苏科技信息，2023，40（21）：12-14.

[22] 房宁.管理会计智能化赋能企业高质量发展探讨[J].财经界，2023（21）：99-101.

[23] 华瑾.人工智能化对企业会计人才培养的影响与解决策略[J].今日财富，2023（3）：101-103.

[24] 邵琦.智能化时代下财务会计向管理会计转型探析[J].审计与理财，2022（10）：61-62.

[25] 文峰.从会计智能化到智能会计演变研究[J].财务管理研究，2022（10）：1-7.

[26] 刁镜林.大数据背景下会计信息处理智能化探讨[J].财经界，2022（29）：126-128.

[27] 史晓欣，李晓航.财务会计的智能化发展研究[J].财经界，2022（26）：147-149.

[28] 罗素兰.智能化时代下财务会计向管理会计转型的策略分析[J].现代营销（上旬刊），2022（9）：22-24.

[29] 楚英英,张婷."大智移云"背景下智能财税会计信息系统应用研究[J].中国农业会计,2023,33(16):56-58.

[30] 闫乐华,李计木.区块链技术视角下会计信息系统构建探究[J].科技创业月刊,2021,34(10):64-69.

[31] 丁胜红,胡俊.人工智能技术下会计信息系统的构建[J].财会月刊,2021(8):98-102.

[32] 王钲翔.智能化时代管理会计人员能力框架研究[J].会计之友,2022(18):51-57.

[33] 田伟.企业会计信息处理的智能化发展探究[J].中国管理信息化,2022,25(13):52-55.

[34] 张琳.研究企业会计智能化管理存在的问题及相关建议[J].财富时代,2022(5):107-112.

[35] 黎文建.财务智能化对传统会计工作的影响研究:以财务机器人为例[J].新乡学院学报,2022,39(4):20-22.

[36] 杨亚芳.基于网络智能化的会计信息质量评估研究[J].财富生活,2022(8):193-195.

[37] 姜淑润.智能化时代下财务会计向管理会计转型模式构建[J].中国产经,2022(6):102-104.

[38] 龚雪.企业会计核算智能化发展趋势的探讨[J].现代商业,2022(9):163-165.

[39] 范敬东.浅谈会计核算智能化对企业内部控制的影响[J].活力,2022(18):118-120.

[40] 王彦杉.试析智能化核算体系下会计人员的管理方向[J].上海商业,2021(8):88-89.

[41] 杨鲁峰.共享模式下会计核算智能化的探索与应用[J].财务与会计,2020(14):64-66.

[42] 丁胜红.大数据会计核算理论体系创新与核算云端化流程重构[J].中南大学学报(社会科学版),2019,25(5):99-107.

[43] 陶维娜. 信息技术环境下会计核算智能化的若干思考 [J]. 现代经济信息，2017（20）：159.

[44] 张婧倞. 基于会计共享模式的合并报表系统智能化探索与实践 [J]. 中国总会计师，2021（12）：67-69.

[45] 薛思佳，胡程炜. 基于智能化软件的基础会计部门完工报表工作平台的应用 [J]. 金融经济，2016（12）：136-139.

[46] 李永旭. 智能化时代下立体动态会计信息平台的研究 [J]. 商场现代化，2021（9）：174-176.

[47] 戴瑞红. 智能化管理会计信息系统架构研究 [J]. 中国经贸导刊(中)，2019（8）：119-121.

[48] 王映苏，马桂芬. 数字经济下管理会计报告发展探究 [J]. 中小企业管理与科技，2022（17）：94-96.

[49] 刘光强，卫静静，祁邈. 基于"区块链+"数字技能的智能管理会计研究 [J]. 商业会计，2022（16）：36-46.

[50] 刘光强，干胜道. 新经济背景下的智能管理会计报告：基于"区块链+人工智能"数字技能 [J]. 财会月刊，2022（14）：79-85.

[51] 赵奕. 人工智能背景下的会计模式与智能会计探究 [J]. 中国市场，2022（8）：184-186.

[52] 侯彦英. 基于数据中台的智能财务报告构建研究 [J]. 老字号品牌营销，2021（11）：115-116.

[53] 戴璐，殷华祥. 数智化技术驱动下管理会计报告的改进与创新 [J]. 管理会计研究，2021（3）：6-14，87.

[54] 杨小燕，廖清远. 人工智能在财务会计行业的应用研究 [J]. 中国管理信息化，2021，24（6）：66-67.

[55] 刘蕾. 互联网、大数据背景下会计实时报告框架体系的构建 [J]. 当代会计，2019（17）：20-21.

[56] 余燕. 基于商业智能（BI）的管理会计信息系统构建的研究 [D]. 苏州：苏州大学，2018.

[57] 汤乐雯. 数字化转型下A企业智能化管理会计平台评估与优化研究[D]. 重庆：重庆理工大学，2022.

[58] 腾立国. 中小型制造企业库存业务会计核算与管理智能化研究[D]. 天津：天津商业大学，2010.

[59] 刘红菊. 财务共享模式下基于大数据智能化的Z建筑企业管理会计报告生成优化研究[D]. 重庆：重庆理工大学，2019.

[60] 陈琨. 会计信息系统智能化在G烟草商业企业中的应用研究[D]. 西安：西安邮电大学，2017.